AUTOR:

PEDRO ROJAS PEDREGOSA

LA BICICLETA Y SU DESARROLLO PRÁCTICO EN EDUCACIÓN SECUNDARIA

Título: LA BICICLETA Y SU DESARROLLO PRÁCTICO EN EDUCACIÓN SECUNDARIA

Autor: PEDRO ROJAS PEDREGOSA.

Ilustraciones: Javier Tarín Sánchez y SINGER

Editorial: WANCEULEN EDITORIAL DEPORTIVA, S.L.
www.wanceulen.com

ISBN: 978-84-9993-418-1

©Copyright: WANCEULEN EDITORIAL DEPORTIVA, S.L.
Primera Edición: Año 2016

Reservados todos los derechos. Queda prohibido reproducir, almacenar en sistemas de recuperación de la información y transmitir parte alguna de esta publicación, cualquiera que sea el medio empleado (electrónico, mecánico, fotocopia, impresión, grabación, etc), sin el permiso de los titulares de los derechos de propiedad intelectual. Cualquier forma de reproducción, distribución, comunicación pública o transformación de esta obra solo puede ser realizada con la autorización de sus titulares, salvo excepción prevista por la ley. Diríjase a CEDRO (Centro Español de Derechos Reprográficos, www.cedro.org) si necesita fotocopiar o escanear algún fragmento de esta obra.

Dedicado a:

Helena Rojas Mialdea

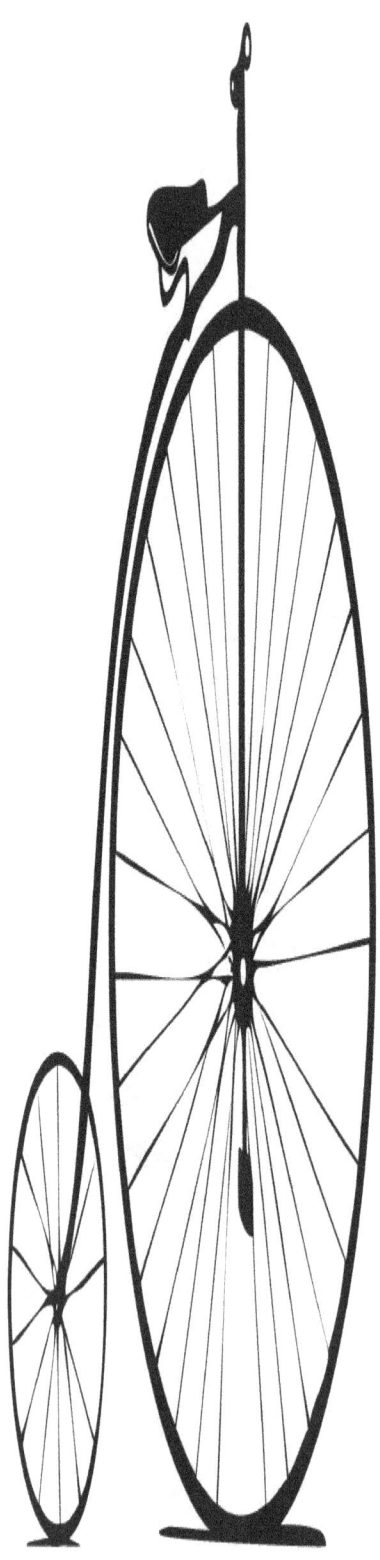

PRESENTACIÓN

Desde sus inicios la bicicleta ha sido un vehículo que ha favorecido al medio ambiente. También ha aportado muchos beneficios a nuestra salud y a la convivencia.

Las ventajas a nivel personal son bastantes considerables:

- Desarrolla la movilidad articular.
- Desarrolla la musculatura.
- Ayuda a perder peso.
- Mejora nuestro sistema cardiorrespiratorio.

En cuanto a las mejoras de su uso están:

- Ahorro energético.
- La seguridad.
- Aminora el tráfico.
- Rapidez en desplazamientos.
- Ocupan poco espacio.

Su uso diario como la enseñanza a utilizarla de manera responsable puede ser una herramienta importantísima en las clases de educación física por parte del profesorado para propiciar una mejora de nuestro entorno y conocimiento de la educación vial sin olvidar la mejora física.

Confío en que su publicación y su posterior uso puedan aportar y enriquecer la gran labor docente que llevan a cabo todo el profesorado de Educación Física.

ÍNDICE

PRESENTACIÓN **6**
PRÓLOGO **9**
INTRODUCCIÓN **11**
1.- ¿QUÉ ES UNA BICICLETA? **14**
    1.1. DEFINICIÓN 15
    1.2. VENTAJAS 17
2.- LOS ORÍGENES DE LA BICICLETA0 .... **20**
    2.1. EL ORIGEN 21
3.- LA EVOLUCIÓN HISTÓRICA DE LA BICICLETA **30**
    3.1. ORDEN CRONOLÓGICO DE LA EVOLUCIÓN DE LA BICICLETA 31
4.- OTRAS FORMAS DE ENTENDER EL USO DE LA BICICLETA **35**
    4.1. LA BICICLETA Y SU USO 36
    4.2. PROPUESTAS ALTERNATIVAS 59
5.- PARTES DE LAS QUE CONSTA UNA BICICLETA **74**
    5.1. ¿QUÉ PARTES CONSTITUYEN UNA BICICLETA? 75
    5.2. ¿CÓMO ELEGIR UNA BICICLETA? 73
    5.3. ¿QUÉ DEBE LLEVAR INCORPORADA UNA BICICLETA? 79
    5.4. EL FUTURO QUE VIENE 84
    5.5. BICICLETA vs DISCAPACIDAD 88
6.- LA IMPORTANCIA DE LA EDUCACIÓN VIAL EN EL AULA **89**
    6.1. LA EDUCACIÓN VIAL EN ELE AULA 90
7.- NORMATIVA A NIVEL SOCIAL **94**
    7.1. LA NORMATIVA, EXISTENTE EN MATERIA CICLISTA, A NIVEL
          SOCIAL 95
8.- DECÁLOGO DE UN BUEN CICLISTA Y PEATÓN **104**
    8.1. DECÁLOGO DEL BUEN CICLISTA Y PEATÓN 105
9.- DECLARACIONES PACTOS Y PROTOCOLOS **114**
    9.1. DECLARACIÓN DE ÁMSTERDAM 115
    9.2. PACTO ANDALUZ POR LA BICICLETA 121
10.- FICHAS PRÁCTICAS PARA SECUNDARIA **126**
    10.1. FICHAS PRÁCTICAS 127
11.- LA METODOLOGÍA **185**
    11.1. METODOLOGÍA DEL TRABAJO 186
12.- LA EVALUACIÓN **189**
    12.1. EL PROCESO EVOLUTIVO 190

13.- RECURSOS VIRTUALES **194**
    13.1. RECURSOS 195
14.- BIBLIOGRAFÍA **207**
    14.1. BIBLIOGRAFÍA 208
    14.2. FOTOGRAFÍAS 209
    14.3. WEBGRAFÍA 210

PRÓLOGO

Por Leopoldo Ariza Vargas*

La permanente presencia de la bicicleta en nuestras vidas es un fenómeno tan habitual y cercano, que eclipsa el proceso evolutivo tan profundo al que se ha visto sometida a lo largo del tiempo. En esta obra, los autores nos llevan de la mano hasta sus orígenes más remotos, reconstruyendo desde su cuna el proceso metamórfico que la encumbra en la situación de privilegio que actualmente ostenta. Un proceso de gestación lento, a lo largo de algo más de cincuenta y tres siglos, que culmina con el nacimiento de la primera bicicleta, y que continúa su desarrollo siglo y medio más tarde. En este trayecto, tal ha sido su calado, que se ha constituido como epicentro de una gran riqueza de manifestaciones deportivas, debidamente desgranadas en el texto para su estudio, o como referencia de carácter humanizador, movilizando una conciencia social de tendencia ecológica, reflejo fiel de un modo concreto de entender la vida.

Es este matiz vivencial, el que le confiere un poder formativo, permitiendo extrapolar su uso más allá de los límites propiamente funcionales y facilitando su inclusión como parte componente de los contenidos a desarrollar en el entorno educativo. La novedad que representa, por su escaso enraizamiento en los centros docentes, y el carácter autotelúrico implícito que conlleva su utilización, son cualidades añadidas representativas de su idoneidad y capacidad de adaptación a nuevos contextos.

La perspectiva multidisciplinar desde la que el autor aborda su tratamiento, vislumbra una nueva facultad que enriquece, aún más si cabe, su permisible aproximación transversal desde distintas disciplinas, favoreciendo con este espíritu su incorporación a la comunidad y creando un posible marco de interacción entre los distintos actores sociales que intervienen en el proceso educativo.

Si me permite la licencia, utilizando el argot ciclista, el texto que obra en sus manos representa una 'pedalada' más para llevar la bicicleta a la escuela. El 'lanzador' que posibilitará a todos los que nos consideramos iniciados en esta materia, reducir el 'hueco' con la 'cabeza' evitando la disgregación del grupo y, de esta manera, culminar juntos y 'en butaca' una travesía que con toda seguridad arribará a buen 'puerto'.

* Profesor Dr. Del Departamento de Educación Artística y Corporal de la Universidad de Córdoba.

INTRODUCCIÓN

El uso de la bicicleta como medio de transporte y de ocio se ha acentuado enormemente en los últimos años. Cada vez es mayor el número de personas y jóvenes que utilizan este medio como forma de desplazarse por la ciudad, realizar deporte y/o relacionarse a nivel social con otros iguales que comporten los mismos "hobbies" o gustos. Su utilización se ha convertido en una reivindicación para exigir un carril alternativo por la urbe que posibilite sus movimientos de forma segura y rápida. Ha significado un antes y un después en estos últimos años, su presencia es manifiesta en todos los rincones del planeta. Un sentir ecológico y al mismo tiempo de disfrute se ha apoderado de la ciudadanía que ve en este vehículo una forma de sentirse libre, independiente y en armonía con su entorno. También es una forma de volver a ocupar y aprovechar el espacio público algo perdido últimamente.

Otro aspecto importante en la sociedad actual es la preocupación por el aumento de la obesidad en nuestros jóvenes, algo evidente en nuestro país ya que se ha acentuado una barbaridad y se ha hecho generalizado a todos los escolares de nuestros centros. Pero por otro lado no aumentan las horas de educación física, seguimos teniéndolos sentados demasiadas horas y lo más lamentable de todo es que no damos la suficiente importancia a la práctica deportiva, al juego y al uso del tiempo libre. Nos limitamos a ser empujados por una sociedad que pide cada vez más y se vuelve más exigente con intentar hacer que nuestros jóvenes sean pequeños ejecutivos desde su tierna infancia. Que se pasen todo el día sentados y sin molestar, algo imposible por ser contra natura. Todo ello hace que el uso de la calle como forma de relacionarse de interactuar con su medio ambiente, sea una falacia más en un mundo incomprensible y que equivoca el camino al no dejar que aprovechen su infancia y el derecho a disfrutar de su niñez.

Con frecuencia hablamos de la falta de motivación e interés que tienen nuestros estudiantes a la hora de afrontar las asignaturas de cada curso en el que están escolarizados. Hablamos mucho de su falta de implicación y de lo difícil que es que presten atención. *"La educación va por mal camino"* nos solemos decir. Hay una pérdida de autoridad del profesor, malos resultados académicos, etc. Pero lo que realmente no solemos hacer es buscar puentes que sirvan para recobrar los estímulos necesarios que hagan que nuestros estudiantes se impliquen en su propia educación. Todo son quejas y pocas soluciones. Hoy en día, con la crisis actual muchos de aquellos que "fracasaron" en sus estudios y que vieron en el mundo laboral una solución rápida para progresar en la vida vuelven a retomarlos y lo hacen con un convencimiento moral e intelectual que no supimos hacerles descubrir en su momento, tal vez – la necesidad- les agudiza el ingenio y los incita a tener que recuperar esa formación que no pudieron o no quisieron obtener en su momento y que la presión de los acontecimientos les hace plantearse para incorporarse al nuevo mundo laboral. Pero más allá de esta necesidad de obtener una titulación básica que les dé la oportunidad de poder formarse en otras especialidades que les devuelva la dignidad como personas ocupadas es necesario encontrar mecanismos, formas y accesibilidad de conectar los conocimientos con las inquietudes que los invaden en su interior. Y que mejor forma que poder comenzar con el uso de la bicicleta en las clases de Educación Física. El trabajo con este recurso hace que podamos utilizarlo transversalmente con la gran mayoría de asignaturas que hay en el currículum y sirva de acicate para transformar la realidad ociosa existente entre todos nosotros.

La innovación de medios, de formas de trabajar en los colegios e institutos hacen que el profesorado tenga la posibilidad de disponer de una gran cantidad de bancos de recursos con los que poder manejarse a la hora de anclar a sus estudiantes al mundo académico y de paso concienciarlos en el respeto al medio ambiente y la reducción de gases contaminantes a la atmósfera. Crearles una conciencia verde, que mire por la importancia que tiene el cuidado de nuestro planeta para ellos y las próximas generaciones.

Con este manual se ofrece una gran oportunidad de hacer que la ilusión por el aprendizaje a través del uso de la bicicleta en las clases de Educación Física vuelva a estar presente en la mente de nuestros jóvenes. Que su utilización sirva para aumentar la calidad de vida y para el uso de medios de locomoción menos contaminantes con nuestro entorno.

EL AUTOR

CAPÍTULO

¿QUÉ ES UNA BICICLETA?

1.1. Definición.
1.2. Ventajas.

1.1- DEFINICIÓN.

A lo largo de nuestra dilatada vida vamos dando por sabido muchas cosas, muchos conceptos que interiormente tienen un significado para nosotros-as que solo con decir su nombre ya sabemos lo que es, pero a la hora de definirlo no tenemos recursos y/o habilidades suficientes para hacerlo. Pues esto ocurre cuando hablamos de la bicicleta y queremos darle una definición. La bicicleta es…. Una bicicleta, todo el mundo sabe lo que es una bicicleta, aunque no sepa definirla con sus palabras. Ante esto es bueno siempre tener un referente que nos sirva para clarificar el objeto en sí mismo, y partir de un marco referencial sobre el que comenzar a explicar todo lo que a continuación se detalla. Por tanto, podríamos comenzar por definir bicicleta que según el DRAE la considera como un: *"Vehículo de dos ruedas de igual tamaño cuyos pedales transmiten el movimiento a la rueda trasera por medio de dos piñones y una cadena".* Por nuestra parte la definimos como: *"aquel invento humano de dos ruedas que alineadas y fijas a un soporte, llamado cuadro, mediante un manillar dirige a una persona, sentada en un sillín, mediante una combinación de pedales y engranajes que son movidos por el impulso de nuestros pies".*

En el mundo de las definiciones tienen cabida muchas que vienen a decir lo mismo pero con distintas palabras, por esto sería interesante como inicio y hacerles, a nuestro alumnado, que creen su propia definición de bicicleta. Sería un primer paso para involucrarlos en el descubrimiento de este gran invento que supone, por un lado, hacerles utilizar un recurso natural y saludable que les permita llevar a cabo la práctica de ejercicio físico acompañada de hábitos alimenticios e higiénicos que repercutirá en su formación como individuos y en la mejora de su calidad de vida. Al mismo tiempo les hacemos entender, comprender y analizar el funcionamiento mecánico y tecnológico que desarrolla la bicicleta y su interrelación con los sistemas comunicativos de los adultos, o sea con el código de circulación, su interpretación y su puesta en práctica.

Bicicletas de paseo en Zarauts (País Vasco)

1.2- VENTAJAS

El uso de la bicicleta conlleva muchas ventajas desde el punto de vista urbano como deportivo y medioambiental, pero principalmente podemos citar las siguientes:

- **Limpio con el medio ambiente.** Favorece la sostenibilidad al no emitir gases contaminantes y al proporcionar nuestra propia energía.

- **Saludable.** Es una fuente de salud.

- **Accesible a todos.** Cualquiera puede disponer de una de ellas y adaptadas a sus necesidades tenga la edad que tenga.

- **Rápido.** Nos transporta de forma eficaz y rápida por la ciudad.

- **Divertido.** Proporciona estímulos agradables al interactuar con nuestro entorno proporcionándonos una gran independencia.

- **Generador de empleo.** Su uso hace emerger una gran industria de accesorios y de mano de obra.

- **Socializador.** Las relaciones sociales aumentan con su uso, sobre todo cuando se realizan actividades grupales.

- **Integrador.** La gran variedad y adaptación de ellas hacen que la diversidad existente pueda tener una oportunidad de relacionarse y llevar a cabo experiencias conjuntas.

- **Ocupa poco espacio.** Lo que favorece la fluidez del tráfico, siendo una manera ecológica de moverse por la ciudad.

BENEFICIOS DE LA BICICLETA

- Haces muchos amigos
- Sientes como que vuelas!
- Mas facil y rapido que caminar
- Mejora tu salud y ejercita tu cuerpo
- Pone una gran sonrisa en tu rostro
- Te deja con piernas de acero
- No consume combustible
- Combate la obesidad
- Cero emisiones
- Aminora el calentamiento global
- Reduce el riesgo de infarto

COMPARTE, MUCHOS NO LO SABEN.

CAPÍTULO  2

LOS ORÍGENES DE LA BICICLETA

2.1. El origen.

2.1- EL ORIGEN.

Los orígenes, de lo que hoy en día conocemos como bicicleta, se remontan en la noche de los tiempos de civilizaciones tan antiguas como la egipcia *–en la que aparecen referencias halladas en jeroglíficos, en el Templo de Luxor, en los que se describe a un hombre montado sobre un aparato formado por dos ruedas unidas a un potro-*, la china *–en torno al año 9500 a. de C. donde parece que, además, en el año 2300 a. de C. fue utilizado un vehículo de dos ruedas realizadas con bambú, el dragón feliz-* (Baroni, 2008: 16) o la india. Aunque otros los sitúan en el Renacimiento al haberse encontrado ilustraciones alusivas a bocetos sobre ella. En lo que sí se ponen de acuerdo, casi todos los autores consultados, es en que el primer precedente de este maravilloso invento se sitúa en los tiempos de la Revolución francesa.

Pero antes de la bicicleta fue la rueda y estaríamos olvidando un hecho muy importante si no habláramos de ella. Hace unos 10.000 años que fue descubierta por el hombre y que supuso una revolución total en el desarrollo de nuestra especie por el gran desarrollo tecnológico que supuso, sobre todo, para el transporte.

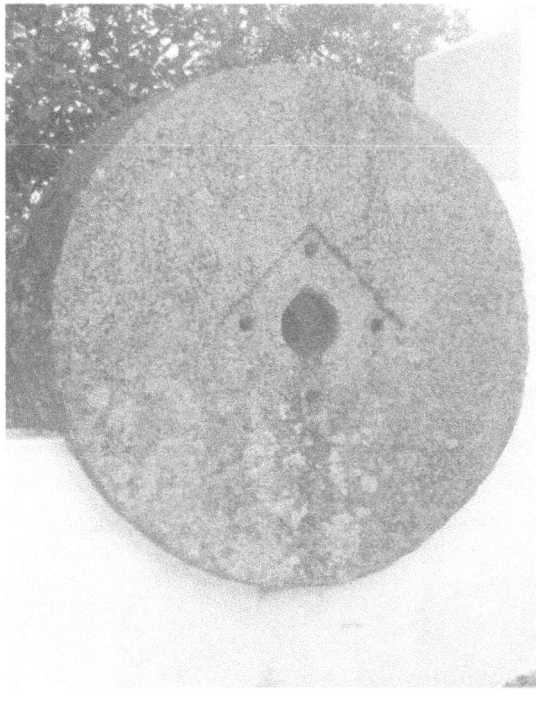

Rueda de piedra

La rueda es definida como: *"una pieza mecánica en forma de disco que gira alrededor de un eje"*. (DRAE). El origen de esta se sitúa en la antigua Mesopotamia y se cree que fue entre el 3500 a. C. y el 3000 a. C., siendo al principio un *"disco sólido de madera fijado a un eje mediante espigas de madera"* (Encarta, 2007). Esta invención supuso un gran impulso para el desarrollo social del ser humano, ya que la eficiencia en algunos campos, como en la agricultura y en el transporte significó un mundo de infinitas posibilidades para la realización de las tareas de una forma más eficiente y sobre todo para controlar la dirección de la fuerza y de la velocidad. Esto dio lugar a la que con el tiempo, la rueda, se fuera perfeccionando con el pasar del tiempo hasta que se redujo el peso de la misma y comenzaron a emplear radios. Estamos hablando alrededor del 2000 a.C. Hoy en día sus aplicaciones tecnológicas son muchas, como por ejemplo los engranajes.

Pero la historia de lo que conocemos, hoy en día, por bicicleta se remonta hacia el 1490 cuando Leonardo da Vinci ideó un boceto en el que ya pensaba en una transmisión de cadena como las de hoy en día, pero mucho más rudimentaria como es lógico pensar.

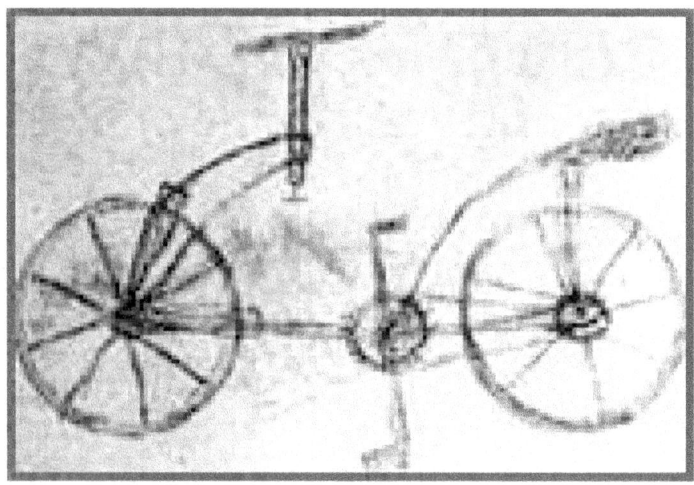

Boceto atribuido a Leonardo Da Vinci 1490
www.revistafullepeed.com/historia_de_la-bicic.html

Maqueta según boceto de Leonardo da Vinci
www.revistafullepeed.com/historia_de_la-bicic.html

Los primeros prototipos, de estas máquinas, fueron muy primarios en sus comienzos y eran unos vehículos con dos ruedas, pero que necesitaban la ayuda de los pies para moverse. Estamos hablando de la segunda mitad del siglo XVII, pero no es hasta 1790 cuando se inventa la "Célerifère". El invento es atribuido a un francés y consistía en dos ruedas adheridas a un bastidor. Según los expertos, el objeto en cuestión no poseía manillar; el asiento era una almohadilla en el bastidor y se propulsaba y dirigía impulsando los pies contra el suelo. No es hasta el siglo XIX cuando en 1816 se diseña la primera máquina con manillar. Bautizada como "Draisiana" en honor a su inventor alemán que permitió el giro de la rueda delantera, más adelante otros inventores introdujeron mejoras considerables. Es en 1839 cuando el escocés Kirkpatrick Macmillan introdujo lo que se denominó las palancas de conducción y los pedales a un prototipo de la draisiana.

Las innovaciones introducidas permitieron poder moverse con la máquina sin necesidad de tocar el suelo. La mecánica del invento en cuestión consistía en pedales cortos fijados al cubo de la rueda de atrás y conectados por barras de palancas largas, que se encajaban al cuadro en la parte superior de la máquina. Las barras de conexión se unían a las palancas a casi 1/3 de su longitud desde los pedales. La máquina era impulsada por el empuje de los pies hacia abajo y hacia adelante. La denominada "dalzell", un prototipo mejorado de la anterior, se diseñó en 1846 y tuvo una gran aceptación en el imperio británico.

Draisiana - 1813

Bicicleta autopropulsada de MacMillan 1839

"Quebrantahuesos" - 1861

Bicicleta de rueda alta - 1873

Bicicleta de carreras moderna.

Bicicleta de montaña moderna.

Otros bocetos y/o fotografías de máquinas con dos ruedas fueron las siguientes:

Draisiana

Macmillan

En cuanto a la primera máquina, parecida a la que hoy en día conocemos, fue el modelo francés dirigido por manivela. Un velocípedo de pedaleo sin presión, que se hizo popular en Francia hacia 1855. El cuadro y las ruedas se fabricaban en madera. Los neumáticos eran de hierro y los pedales estaban colocados en el cubo de la rueda delantera o del conductor, que era un poco más alta que la rueda de atrás. En Gran Bretaña esta máquina era conocida como el "Quebrantahuesos", a causa de sus vibraciones cuando circulaba sobre carreteras pedregosas o en calles adoquinadas.

La mítica "Quebrantahuesos"

Ernest Michaux optó por añadir unos pedales a la rueda delantera de una vieja draisiana. Este invento fue importantísimo para el avance de la máquina, pero tenían que adaptarse a un gran problema que era debido a que no había forma de mantener el equilibrio con el movimiento a pedales. No fue hasta un tiempo más adelante cuando, su inventor, comprobó que para mantenerse estable sobre su creación había que conservar una velocidad constante para no caerse.

No es hasta 1869 cuando la máquina, de la que hemos venido hablando, se autodenomina con el nombre de Bicicleta y se patenta con esta palabra. Así mismo, en Gran Bretaña, se introduce una nueva mejora en la que se montan sobre el acero de las ruedas neumáticos de goma maciza, y curiosamente otro inglés, James Starley, en 1873 crea una bicicleta de rueda alta. La rueda delantera era tres veces más grande que la trasera.

Una de las réplicas de bicicleta de rueda alta existentes en el parque de Dysneiland Paris (Francia).

Todos estos avances, mejoras y diseños hacen que poco a poco la bicicleta se consolide como un elemento más de transporte y de ocio, lo que hace que en 1889, el 31 de mayo concretamente, nazca oficialmente el ciclismo como competición. De la mano de los hermanos Olivier, asociados de la fábrica de Michaux, organizaron una carrera en el parque de Saint Cloud de París con 1200 m de recorrido en la que tomaron parte 7 ciclistas. Desde ese momento, podemos afirmar sin temor a equivocarnos, que comenzó la fiebre del ciclismo y el desarrollo técnico y creativo por encontrar soluciones para la innovación de éste nueva actividad física y deportiva. Las bicicletas de Michaux eran demasiado lentas ya que en cada vuelta completa de los pedales recorrían 3.14 metros. Con lógica, los fabricantes aumentaron los diámetros de las ruedas delanteras llegándose a construir ruedas motrices de 3 m de diámetro. Todo ello fue en detrimento de la seguridad, del equilibrio y del peso llegando algunos modelos a pesar 40 Kg. Los fabricantes tendieron a homogeneizar sus máquinas. Las descomunales ruedas delanteras se redujeron a un diámetro de 1,2 metros y las traseras a 40 centímetros. Las modificaciones y mejoras en los años siguientes incluyeron el cojinete de bolas y el neumático. Estos inventos, junto con el uso de tubos de acero soldados y los asientos de muelles, llevaron a la bicicleta a la cumbre de su desarrollo. Sin embargo, la vibración excesiva y la inestabilidad de la bicicleta de rueda alta obligaron a los inventores a esforzarse por reducir la altura de la bicicleta, apareciendo en 1880 la conocida como máquina segura o baja, en la que las ruedas eran casi del mismo tamaño y los pedales se encontraban unidos a una rueda dentada mediante engranajes y una cadena que trasmitía el movimiento a la rueda trasera e hiciera que avanzase. Los avances tecnológicos se van desarrollando a pasos agigantados y es en el 1885 cuando John Kemp Starley crea la denominada –Bicicleta de Seguridad- en la que las ruedas son más pequeñas y se les acopla frenos que ofrecen más seguridad al usuario, además unos años después, concretamente en 1888, John Boyd DUNLOP crea los neumáticos con cámara de aire, innovando aún más en el campo de los vehículos propulsados. Esto dio lugar a seguir investigando y son los hermanos MICHELÍN, en Francia, los que crean un neumático desmontable que proporciona mayor seguridad a la hora de utilizar este vehículo. No satisfecho con esto, el italiano Giovanni Battista PIRELLI crea el neumático de cámara de recambio.

Desde esta época hasta la que estamos hoy en día mucho ha cambiado y seguirá cambiando la bicicleta. La nueva apuesta por la no contaminación, las plataformas de carriles bicis en las ciudades, los campeonatos nacionales de ciclismo, el uso de rutas cicloturísticas, etc., hacen de la bicicleta un invento que no pasa de moda.

Ángel Díaz Huertas. Sin título. Blanco y Negro, ca. Septiembre de 1894. Colección ABC

CAPÍTULO

EVOLUCIÓN HISTÓRICA DE LA BICICLETA

3.1. Orden cronológico de la evolución de la bicicleta.

3.1. ORDEN CRONOLÓGICO DE LA EVOLUCIÓN DE LA BICICLETA.

En este apartado se trata de sintetizar a modo de fechas lo más característico o emblemático de los acontecimientos que han hecho de la bicicleta un elemento común, normal y necesario en nuestros pueblos y ciudades.

AÑO	HECHOS
3500 a. C. 3000 a. C.	Se inventa la Rueda.
2000 a. C.	Se redujo el peso de la rueda y se comienzan a emplear radios.
1490	Se atribuye a Leonardo da Vinci un boceto en el que ya pensaba en una transmisión de cadena como las de hoy en día, pero mucho más rudimentaria como es lógico pensar.
1790	Se inventa el Celerífero. El auténtico antecesor de la bicicleta, el aparato en cuestión consistía en dos ruedas de madera unidas por una barra de un metro de longitud, del mismo material, y que se desplazaba gracias al impulso de los pies sobre el suelo. Fue presentado por el francés De Sivrac a la corte de Versalles en 1790. El Celerífero se denominó inicialmente "Cheval de bois". Su nombre proviene de la unión de dos palabras latinas como son: Celere y Fero (Transporte rápido).
1816	Se diseña la primera máquina con manillar. Bautizada como "Draisiana" en honor a su inventor alemán que permitió el giro de la rueda delantera.
1819	Se celebra la primera competición deportiva de bicicletas en Alemania.
1839	Un herrero escocés llamado Mcmilan diseño una maquina accionada por los pies al mover palancas que accionaban a su vez la rueda, básicamente acopló pedales a la rueda trasera de la draisina.
1846	La denominada "dalzell", un prototipo mejorado de la anterior, se diseñó y tuvo una gran aceptación en el imperio británico.
1855	Primera máquina, parecida a la que hoy en día conocemos, fue el modelo francés dirigido por manivela, velocípedo de pedaleo sin presión, que se hizo popular en Francia. El cuadro y las ruedas se fabricaban en madera. Los neumáticos eran de hierro y los pedales estaban colocados en el cubo de la rueda delantera o del conductor, que era un poco más alta que la rueda de atrás. En Gran Bretaña esta máquina era conocida como el "Quebrantahuesos", a causa de sus vibraciones cuando circulaba sobre carreteras pedregosas o en calles adoquinadas.
1867	Adler cubrió las llantas de hierro con goma y aplicó rodamientos a los ejes.
1869	Se patenta la bicicleta.
1869	Se reemplazaron los radios de madera por otros de alambre.
1873	James Starley, crea una bicicleta de rueda alta. La rueda delantera era tres veces más grande que la trasera.
1880	Nace la conocida como máquina segura o baja, en la que las ruedas eran casi del mismo tamaño y los pedales se encontraban unidos a una rueda dentada mediante engranajes y una cadena que trasmitía el movimiento a la rueda trasera que la hacía avanzar.
1881	En la Exposición Universal de Milán de 1.881 constituyó la plataforma de lanzamiento universal de la bicicleta. A partir de entonces, la industria de la bicicleta se desarrolló con rapidez. La primera fábrica de bicicletas construidas en serie, fue la italiana Bianchi.
1885	El suizo Renold inventó la cadena y la aplicó como medio de transmisión a la rueda trasera
1885	John Kemp Starley crea la denominada –Bicicleta de Seguridad- en la que las ruedas son más pequeñas y se le acopla frenos que ofrecen más seguridad al usuario.
1887	El 7 de enero, el norteamericano Thomas Stevens realiza el primer viaje en bicicleta alrededor del mundo. Partió de San Francisco y regresó a la misma ciudad después de pedalear durante más de tres años.

AÑO	HECHOS
1887	El modelo Safety se hizo popular y su uso pasó al servicio de correspondencia militar. Inglaterra y Francia la utilizaron creando los cuerpos o unidades velocipedistas y fueron seguidos, inmediatamente, por EEUU e Italia.
1888	John Boyd DUNLOP crea los neumáticos con cámara de aire, innovando aún más en el campo de los vehículos propulsados. En estos años los hermanos MICHELÍN, en Francia, crean un neumático desmontable que proporciona mayor seguridad a la hora de utilizar este vehículo. No satisfechos con esto el italiano Giovanni Battista PIRELLI crea el neumático de cámara de recambio.
1889	El 31 de mayo, concretamente, nace oficialmente el ciclismo como competición. De la mano de los hermanos Olivier, asociados de la fábrica de Michaux, organizaron una carrera en el parque de Saint Cloud de París con 1200 m de recorrido en la que tomaron parte 7 ciclistas.
1890	Se introducen las tuberías como medio constructivo de las bicicletas, dejando de lado la madera y el metal macizo.
1896	Otro gran avance a destacar fue la aparición de los cojinetes de bolas. Este invento permitió liberar la rueda motriz del eje pedalier ya que, hasta entonces, ambos conjuntos giraban a la vez, obligando al ciclista a mantener sus piernas en constante movimiento.
1896	Bicicleta de los hermanos Wrigh llamada Wright Van Cleve bicycle. La cual tenía como innovación los centros sellados para que existiera un depósito de aceite el cual daba mayor durabilidad y mejor desplazamiento.
1896	En este año, una bicicleta podía costar el salario de 3 meses de un trabajador medio, pero ya en 1909 se había reducido a menos de un mes de trabajo.
1903	Se disputó el primer Tour de Francia con 2428 Kilómetros de recorrido ideado por Henri Desgranges.
1905	BSA, crea una bicicleta de bombero equipada con equipo antiincendios. Además llevaba incorporada una sirena, una manguera y un hacha.
1909	Durante el mes de mayo de este mismo año se celebró el primer Giro de Italia que fue creado por Costamagna, Cougnet y Morgagni.
1935	El 29 de abril comienza la Primera Vuelta Ciclista a España, ideada por Juan Pujol y organizada por el periódico –Informaciones-. Son 50 corredores los que participan e inician su recorrido desde la estación madrileña de Atocha en dirección a Valladolid. Después de recorrer 3.391 km., el 15 de mayo se proclamó campeón el belga Gustavo Deloor seguido del español Mariano Cañardo.
1951	La principal prueba en ruta por etapas sudamericana, la Vuelta Ciclista a Colombia.
1954	Este año Federico Martín Bahamontes gana el Gran premio de la Montaña en el Tour de Francia. Fue bautizado por la prensa y por la afición como –el águila de Toledo-, se convirtió en el mejor escalador español de todos los tiempos.
1957	El francés Jacques Anquetil, de 23 años, gana el Tour, en el que participa por primera vez.
1970	Se inició la moda de utilizar la bicicleta en caminos de tierra.
1977	Se crean unos nuevos cuadros que inspiran las denominadas Mountain Bike o Bicicleta de Montaña.
1978	El ciclista francés Bernard Hinault gana la Vuelta a España.
1987	Se introdujo comercialmente la primera suspensión delantera por la compañía Trek
Hoy en día	El diseño, la versatilidad y la creatividad hacen de la bicicleta un objeto difícil de quedar obsoleto y desfasado.

El uso de la bicicleta ha tenido y tiene múltiples utilidades

CAPÍTULO

OTRAS FORMAS DE ENTENDER EL USO DE LA BICICLETA

4.1. La bicicleta y su uso
4.2. Propuestas alternativas

4.1- LA BICICLETA Y SU USO.

La bicicleta ha sido y es, desde sus orígenes, una apuesta decidida por el desplazamiento ecológico, por la ecomovilidad frente a la motorización, siendo el *"60-70% de los viajes, en el caso de ciudades pequeñas," (Consejería de Medio Ambiente. Junta de Andalucía, 2004: 19)*, realizados en vehículos sin motor, ya que los desplazamientos que se efectúan en bicicletas y a pie son los mayoritarios.

En cuanto al tipo de ciclistas y las modalidades de desplazamiento, en ellas, más habituales hay que destacar un estudio sobre planificación llevado a cabo en España sobre la bicicleta, el llamado PLAN DE VÍAS CICLISTAS DE GUIPÚZCOA, en el que se distinguen las distintas tipologías de usuarios según sus desplazamientos y el uso que le dan a este vehículo. Además el uso de la bicicleta en esta provincia del Norte de España está muy extendido entre todas las edades y es raro ver a alguien que no use este vehículo como forma de desplazamiento o de placer. En otras provincias encontramos distintos planes para el uso de la bicicleta, como el citybici.sanse de Donosita en San Sebastián, el de Logroño de movilidad urbana cuyo eslogan es –Logroño se mueve en bici-, o el programa "Córdoba en bici" que ofrece la oportunidad de realizar 13 rutas distintas en bicicleta para visitar los monumentos, plazas y rincones históricos de la ciudad.

Zarauts, donde el uso de la bicicleta es algo muy natural en todas las edades.

Como dato curioso hay que indicar que en San Sebastián han ideado una manera muy atractiva de pasear en bicicleta por esta magnífica ciudad y es con el coche bici que puede trasportar a otros pasajeros en su interior. Igualmente ya lo hay en otras capitales de provincia como Málaga capital por poner otro ejemplo.

Coche bici en Donostia, cerca de la playa de la Concha.

Del mismo modo y al igual que otras capitales de provincia como Córdoba, Logroño,…, San Sebastián, está dotada con amplios carriles exclusivos para circular con bicicleta (bidegorris) por los principales barrios de la ciudad.

Citybici en Donostia-San Sebastián

En otros lugares de Europa encontramos, igualmente, un uso extendido de la bicicleta muy acusado en toda la población. La conciencia social por un trasporte más ecológico hace que la gente esté más sensibilizada con ello. Por citar un ejemplo encontramos la ciudad Belga de Gante, donde es habitual ver multitud de bicicletas aparcadas en grandes aparcamientos, e incluso sin estar amarradas por miedo al robo.

Servicio de bicicletas públicas en la localidad española de Valencia.

Bicicleta de trotamundos. Albergue Juvenil de Córdoba 2010

Ciclista haciendo el camino de Santiago. Pamplona-Navarra 2011

Servicio de bicicletas públicas en la localidad española de Córdoba.

LA BICICLETA Y SU DESARROLLO PRÁCTICO EN EDUCACIÓN SECUNDARIA

El uso actual de la bicicleta hace que su alquiler prolifere en cualquier ciudad

Coche-bici en Suiza.

Fotos: Elena Gómez Camer

El uso de la bicicleta en mayores

Cada cual pedalea como considera oportuno

TIPOS DE CICLISTAS Y MODALIDADES DE DESPLAZAMIENTO			
TIPO DE CICLISTA	**MOTIVO PRINCIPAL DE DESPLAZAMIENTO**	**LONGITUD DEL RECORRIDO TIPO**	**MODALIDAD DEL VIAJE**
Urbano cotidiano	Trabajo, escuela, compras, relaciones personales, etc.	3-8 Km. En cada viaje de ida o de vuelta.	Viajes en solitario.
Urbano y periurbano recreativo	Ejercicio saludable.	5-12 km.	Viajes en parejas o pequeños grupos.
Recreativo de día no laborable	Acceso y disfrute de la naturaleza y el medio rural.	20-40 Km.	Viajes familiares o en pequeños grupos.
Cicloturista de medio a largo recorrido.	Turismo de "alforjas"	40-80 Km.	Viajes en solitario, parejas o pequeños grupos.
Deportivo de montaña.	Ejercicio intenso en la naturaleza.	30-50 Km.	Viajes sobre todo en pequeños grupos.
Deportivo de carretera.	Ejercicio intenso al aire libre.	50-120 Km.	Viajes en solitario, pequeños, grupos o pelotones.

Consejería de Medio Ambiente. Junta de Andalucía (2004:23).

El uso de la bicicleta en la ciudad o en los pueblos es algo más usual cada día, aunque el hecho de su utilización sea significativo de no contaminación, de no atascos, también hay una serie de obstáculos que hacen que se paralice su introducción en las ciudades, aunque *"no se debe olvidar que también influyen los factores culturales y del modo de vida imperante en la ciudad"* (Consejería de Medio Ambiente. Junta de Andalucía 2004: 27) de poder llegar a tiempo para realizar diversas actividades a lo largo de la mañana o del día. Ante todo esto podemos establecer tres factores principales que obstaculizan la introducción de la bicicleta en la ciudad, y que según la Consejería de Medio Ambiente de la Junta de Andalucía son:

- La forma urbana y de movilidad hacen que la bicicleta sea aún un vehículo no recomendado para su uso por la ciudad dada la falta de infraestructuras, las distancias, y un largo etc.

- Los factores psicológicos que nos predisponen a verla como algo inseguro ante la cantidad de accidentes y de robos que se producen, ante una falta de cultura social y de la propiedad. También puede suponer un pobre valor social de cara a nuestros conocidos ya que parece que nuestro nivel social y económico se devalúa si nos ven con una bicicleta en lugar de llevar un gran coche.

- Los de una normativa reglamentaria y de equipación de infraestructuras adecuadas.

Diseño exclusivo, para el aparca bicicletas, en la ciudad de Málaga

Otro ejemplo del uso o del aprovechamiento entre organismos públicos del uso de la bicicleta y los recursos naturales existentes es el que propone la Agencia Provincial de la Energía, en colaboración con el Ayuntamiento de Córdoba, organizando en fines de semana rutas en bicicleta por la vía verde de la Campiña con objeto de celebrar la Semana de la Movilidad, que se conmemora desde 2001 entre el 16 y el 22 de septiembre.

El recorrido parte de Valchillón y finaliza en el Túnel de las Tablas y se encuentra amenizado por comentarios de dos intérpretes ambientales, quienes se ocupan de explicar a los participantes las características ambientales de la vía. Con esta actividad la Agencia Provincial de la Energía da un paso más en la difusión de la vía verde al tiempo que reivindica el uso de la bicicleta en los entornos naturales.

Aparcamientos de bicicletas en un entorno natural de Suiza

Aunque todo esto está cambiando con la implantación de circuitos de carril bicis, aparcamientos en la mayoría de los centros públicos y privados y la red de alquiler de bicicletas en las grandes ciudades, como es el caso de Córdoba, o en Gante (Bélgica), por citar algunas ciudades.

Señalizadores de carriles bici en Suiza

Fotos: Elena Gómez Camer

Distintos tipos de señalizaciones en Córdoba

Campaña de la Generalitat Valenciana para promover el uso de la bici

En las localidades pequeñas no es tan grande la inversión, pero si se deja notar cuando llegan los días de la bicicleta en los que casi todo un pueblo se echa a la calle para conmemorarlo, como es el caso del pueblo de Pedro Abad en el que a través de una Peña Ciclista organizan, movilizan y dinamizan a más de 1.000 ciclistas de todas las edades para llevar a cabo un recorrido por las distintas calles que conforman este municipio de 3.000 habitantes. Lo curioso del tema es que acuden multitud de personas procedentes de otros lugares.

Campaña uso de la bicicleta en DECATHLON

Marcha de la bicicleta celebrada en Málaga y patrocinada por Movistar. Noviembre 2011

La bicicleta como reclamo empresarial. Ciudad de Córdoba

Cartel reivindicativo en Chile

Distintos carteles publicitarios del día de la bicicleta

Marcha cicloturística en la localidad cordobesa de La Granjuela

4.1.1 EL CICLISMO

Esta actividad deportiva nace a partir de 1890, y es a partir de de 1890 y 1900 cuando se crean grandes pruebas que con los años se han ido convirtiendo en clásicas. Es en 1893 cuando se lleva a cabo el primer Campeonato Mundial de Ciclismo en el que se llevan a cabo pruebas de velocidad y medio fondo, exclusivo para corredores aficionados.

En cuanto a su introducción dentro de las olimpiadas, es en 1896 en Atenas cuando se celebraron únicamente pruebas de pista, mas tarde y en los Juegos de Los Ángeles 1984 la participación fue solamente masculina. La incorporación de las mujeres en competición comienza en las pruebas de ruta en dichas olimpiadas y en las pruebas de pista en los Juegos de Seúl 1988. En las olimpiadas de Atlanta 1996 participaron por primera vez los ciclistas profesionales.

Ciclista entrando en meta

Dentro de las modalidades de Ciclismo podemos hablar de:

- **Mountain Bike**, que se practica por terrenos naturales, como bosques, campos, etc. La Bicicleta tiene ruedas anchas y con tacos para poder rodar por los caminos.

- **Ruta o carretera**, que es una modalidad que se practica en las carreteras con una bicicleta de ruedas finas.

- **BMX**, que consiste en recorrer un circuito con saltos y desniveles.

- **Trialbici**, disciplina ciclista donde hay que recorrer un circuito en zonas marcadas por cintas con obstáculos naturales o artificiales sin apoyar los pies en el suelo.

- **Ciclocross,** esta modalidad discurre por caminos de hierba o tierra con barro, la bicicleta se parece a la de carretera, pero las ruedas son un poco más gordas.

- **Pista,** se compite en velódromos y existen muchos tipos de pruebas englobadas en dos grandes grupos, que son las pruebas de velocidad y las pruebas de fondo.

4.1.2. EL BIKETRIAL

El Biketrial es un deporte dinámico y espectacular del que han salido grandes campeones mundiales de trial en moto como Jordi Tarres, Marc Colomer, Adam Raga y Toni Bov, entre otros pilotos que aparecen muy a menudo en televisión cuando se celebra algún Trial-Indoor, es un deporte practicado en más de 30 países. En la provincia de Córdoba contamos con Rafael Cano (Sub-campeón del mundo y actualmente sub-campeón de España -2009- y campeón Zona-Sur los dos últimos años).

El Biketrial es un deporte que consiste en pasar una serie de obstáculos, bien sea en zona natural o artificial, sin poner ningún pie en el suelo.

Bicicleta de Biketrial

Distintas instantáneas de actividades con Biketrial.

4.1.3. LA BICICLETA DE MONTAÑA

La bicicleta de montaña que en inglés se denomina mountain bike, fue diseñada para soportar los envites del terreno por la montaña. Su inventor Mike Sinyard ideó una bicicleta más robusta para que pudiera ser utilizada fuera de la carretera. Las denominaciones de esta bicicleta cambian según el país. En España se denomina bicicleta de montaña o bicicleta todo terreno, en Francia Vélo tout Terrain (VTT).

Las características de este tipo de bicicletas son que sus componentes son más resistentes a la tradicional de carretera en cuanto al cuadro, ruedas, sistema de cambio, etc. Además es más resistente a los impactos que sufre que son amortiguados por un sistema de suspensión en la mayoría de los casos. Igualmente las cubiertas resaltan por el mayor grosor y por los tacos que sobresalen y que absorben mejor las irregularidades del terreno para obtener una mejor tracción.

Está pensada para las personas que les gustan la naturaleza, el riesgo y la velocidad. Practicarlo supone simplemente saber montar en bicicleta y poseer un entusiasmo especial por la montaña, además de un conocimiento de las características de la bicicleta, sus accesorios y las principales técnicas de conducción.

La contaminación, los ruidos, el stress y el contacto directo con la naturaleza hacen de la utilización de esta bicicleta un medio ideal para desconectarse de todo ello. Para preparar una salida de mountain-bike es recomendable tener en cuenta una serie de aspectos:

- Tener en cuenta las previsiones meteorológicas. Caso de algún contratiempo, se debería modificar el recorrido inicial o suspender el viaje.

- Saber interpretar los mapas cartográficos. Esto hace que tengamos una información más detallada y más segura de los Km., que se van a recorrer, de las mejores rutas a utilizar, así como de los desniveles de las mismas.

- El transporte de la BBT debe de ser tenido en cuenta a la hora de iniciar, igualmente, una ruta.

- La carga se debe distribuir equitativamente alrededor de toda la bicicleta.

La seguridad en el transporte de las BBT debe de extremarse al máximo.

Para evitar el desvanecimiento es necesario aprovisionarse de alimentos sólidos y líquidos. El mejor combustible son los frutos secos, las tabletas energéticas, la fruta natural, agua y compuestos con sales minerales y vitaminas.

- Importante la comprobación del estado de la BBT. El sillín tiene que estar recto y más elevado que el manillar para evitar los desplazamientos laterales de la cadera. También importante es el uso de elementos de seguridad como el casco, guantes, gafas, etc., sin olvidarnos de llevar un móvil o varios y no realizar rutas de forma individual.

- Conocer la localización puntual de los refugios, albergues y casas de turismo rural, es igualmente importante. Así como la meteorología que vaya a hacer en la zona.

- En los descensos, hay que abrigarse bien ya que el aire da directamente sobre el pecho. Un buen recurso son unas hojas de periódico puestas entre la ropa.

Bicicletas de montaña

4.2. PROPUESTAS ALTERNATIVAS

4.2.1. S.C.A. –LA VUELTA AL MUNDO

En Córdoba, surge una cooperativa de trabajo asociado (La Vuelta Al Mundo, S.C.A.), que fomenta la movilidad sostenible y las prácticas respetuosas con el entorno, potenciando el uso de la bicicleta como medio de transporte urbano, económico, rápido y más responsable a nivel social y medioambiental.

Están convencidos en el avance hacia una movilidad sostenible que se vea reflejada a través de distintas estrategias puestas en marcha, como el servicio de ecomensajería, la venta y reparación de bicicletas, rutas cicloturísticas, asesoría y formación en movilidad ciclista, entre otras.

Esta cooperativa apuesta por una movilidad sostenible. Los asentamientos urbanos han sufrido diversas transformaciones a lo largo de los años, cada vez de manera más intensa y rápida, que han convertido los espacios para la ciudadanía en lugares cada vez más complejos. De ciudades compactas hemos pasado a ciudades difusas; de la calle como espacio de convivencia y juego a un espacio público fragmentado que además dificulta la movilidad de muchos perfiles de ciudadanos; del uso diverso de calles y plazas a lugares prácticamente monopolizados por el coche.

El protagonismo del coche en nuestras ciudades no sólo tiene efectos directos sobre quienes las habitamos, degradando la calidad del aire y comprometiendo gravemente nuestra salud, sino también sobre el medio ambiente. Además, y por si fuera poco, el sistema de movilidad actual contribuye notablemente a nuestra dependencia de los combustibles fósiles.

Apostar por otro tipo de movilidad fomentando el uso del transporte público, la bicicleta o los desplazamientos a pie resulta de vital importancia en el contexto actual. Cada vez las administraciones públicas hacen una apuesta política más clara en este sentido, a través de medidas que si bien son escasas, comienzan a vislumbrar un horizonte en el que las necesidades de movilidad se cubrirán de una manera más responsable. Ejemplo de ello son la progresiva peatonalización o restricción del tráfico en las zonas más céntricas de las ciudades, las mejoras en los sistemas de transporte público, la incorporación de nuevas calles 30, carriles reservados, la adquisición de bicicletas públicas, etc.

Cuestiones tan importantes como la adaptación al agotamiento de los combustibles fósiles, el cambio climático, la mejora de las alud pública o el cuidado de las relaciones ciudadanas dependen en gran medida de un cambio en nuestros hábitos de vida y consumo que conduzca hacia otra cultura de movilidad, y en esa tarea La Vuelta al Mundo apuesta y aporta su granito de arena, tanto desde la educación formal como desde la no formal.

Construir el camino hacia una movilidad sostenible es tarea de todos, y trabajar con todos los colectivos sociales es una de las muchas labores necesarias para avanzar hacia un cambio social que desemboque en un diseño y funcionamiento de las ciudades más democrático. Además, permite que éstos trabajen el pensamiento crítico en positivo y descubran la posibilidad de tomar decisiones sobre sus propias vidas planteándose para qué quieren su ciudad, cómo la usan, qué espacios les son más favorables y cuáles menos.

<u>4.2.1.1. Su proyecto pedagógico.</u>

Su proyecto nace con la inquietud de trabajar de manera integral y transversal todas las posibilidades educativas en torno a la bicicleta y la movilidad en las ciudades.

Este proyecto tiene como objetivo general participar en la constitución de un cambio en nuestros hábitos de vida y consumo que conduzca hacia otra cultura de movilidad, comenzando por la educación de los más jóvenes.

Es un proyecto flexible, que necesariamente deberá ser adaptado a cada centro. Contará con las aportaciones de todos los actores implicados (centro, docentes, alumnado, etc.) teniendo en cuenta las necesidades que surgen en las relaciones que se dan entre éstos, y el resto del entorno (familia, amigos, barrio, ciudad).

Es un proyecto integrador, a través del cual se podrán trabajar distintas áreas curriculares (plástica, lengua, educación física, conocimiento del medio, etc.) y desarrollará contenidos propios de la educación en valores: como la educación vial, ambiental, civismo, salud y consumo.

La metodología que siguen es motivadora, dinámica y participativa. Se aprende más y se integran mejor los conceptos cuando somos partícipes activos de experiencias para la vida que nos aporten las competencias básicas necesarias (competencia en el conocimiento y la interacción con el mundo físico, competencia social y ciudadana, competencia cultural y artística, autonomía e iniciativa personal y pensamiento crítico).

Los contenidos de los talleres y actividades son muy variados: seguridad vial, movilidad sostenible, espacio público, etc...., ya que consideran que es de vital importancia adaptarse a las necesidades de cada grupo, especialmente las relacionadas directamente con las edades, intereses, capacidades y contextos sociales en el que se desarrollan. Además, trabajan de manera trasversal otros muchos contenidos, como la participación social o la igualdad. Las actividades son atractivas, curiosas y divertidas, para desarrollarlas de manera activa y despertar el interés de docentes, alumnado y familiares por el tema. Resulta importantísimo, por ello, la comunicación fluida y continua con los responsables del grupo destinatario. La evaluación del proyecto y sus actividades, así como del proceso educativo, la llevan a cabo de forma continua a través de la aportación conjunta.

Logotipo y dirección de la cooperativa

4.2.1.2. Servicios que ofertan

Los servicios que ofertan son variados. Ofrecen diferentes alternativas para contar con ellos de manera que el centro pueda elegir la opción que mejor se adapte a sus necesidades. Esta cooperativa pretende que el aprendizaje sea significativo para el alumnado del centro, estudiando detenidamente las demandas del colegio, de los docentes y de su alumnado.

A nivel curricular, ofrecen un proyecto pedagógico transversal, un conjunto de sesiones, actividades y salidas que permitan integrar los contenidos del proyecto, en las diferentes áreas del currículo de Educación Infantil, Primaria, Secundaria y Bachillerato, así como Ciclos Formativos. Para la contratación de este proyecto anual, llevan a cabo una reunión con el equipo pedagógico de la cooperativa para fijar las sesiones, talleres, actividades, charlas y coloquios conforme al calendario escolar.

La preparación, gestión y dinamización de las actividades y talleres se realiza contando con un amplio abanico de ofertas diseñadas acorde a los objetivos propuestos y adaptados a cada nivel educativo. Estas actividades se pueden realizar en centros educativos, centros cívicos, ludotecas, etc…, ofrecen tanto actividades o talleres puntuales, como de carácter continuo, dentro de la programación del centro.

El deseo de la cooperativa y de todos los miembros que la componen, es ir pedaleando por buen camino, por ello nos parece fundamental incidir en el cambio desde la infancia y su entorno más cercano. La familia y la escuela tienen un papel relevante en la educación del alumnado y por ello proponen actividades especiales para días señalados como: día de la Paz, día de Andalucía, día del medio ambiente, final de curso, etc…) que quedarán en el recuerdo de pequeños y adolescentes, por la participación activa de éstos en ellas.

Además de lo expuesto, mantienen charlas y coloquios con las familias y salidas extraescolares con ellas y sus hijos. Teoría y práctica sobre la movilidad adecuada en bicicleta en la ciudad, como pasear en familia, circulación segura y beneficios que aporta la bici (motricidad, salud, bienestar, libertad, civismo, respeto a la naturaleza, etc…) Igualmente, disponen de un servicio de trayectos didácticos para las salidas escolares. Piensan que la forma de desplazarse y el camino en sí debe ser un momento educativo más, por ello ofrecen un acompañamiento lleno de contenidos sobre movilidad sostenible, buenos hábitos de ciudadanía, curiosidades locales, etc…, siempre de una forma original y ante todo cuidando la seguridad.

4.2.1.3. Actividades que proponen

Las actividades las agrupan según las siguientes temáticas:

- Circulación y Seguridad Vial.
- Consumo Responsable y Espacio Público.
- Científico – Tecnológico.
- Salidas y Rutas Guiadas.

4.2.2. EL PROYECTO PEDAGÓGICO DE RACE

RACE, considera que la prevención de las víctimas infantiles como consecuencia del tráfico debe abordarse desde una perspectiva grupal, incidiendo, sobre todo, en aquellos grupos de edad que manifiesten un alto porcentaje de conductas de riesgo, o sea, los niños.

Los cursos que han desarrollado consisten en la presentación interactiva de contenidos a través de tecnología audiovisual, basados en los siguientes módulos:

El peatón y la ciudad.

- Conductas peatonales en la ciudad.
- Conductas peatonales en la carretera.
- Conductas peatonales en condiciones de baja luminosidad.
- Material Reflectante.

La bicicleta como medio de transporte.

- Conocimiento del vehículo.
- Medidas de seguridad: casco, material reflectante, protección.

El niño como viajero en el transporte escolar.

- Conocimiento de los sistemas de seguridad del autobús.
- Procedimiento a seguir en caso de emergencia.

Las señales de tráfico y el policía local.

La parte práctica se desarrolla en el parque de Educación Vial que dispone la Escuela, donde los alumnos ponen en práctica los conocimientos adquiridos en la sesión teórica.

La práctica se desarrolla en tres partes:

- Interacción de los alumnos en los roles de conductor y peatón.
- Ejercicios de psicomotricidad y manejo seguro de la bicicleta.
- Simulacro de Evacuación del autobús.

4.2.3. PROYECTO DE RECICLETA

Es una entidad que pretende difundir y fomentar el uso de la bicicleta como medio de transporte urbano, de ocio y deportiva. Están especializados en bici urbana y cicloturismo y traban para ofrecer soluciones a los problemas de transporte en las ciudades. Su funcionamiento es bajo la denominación de cooperativa, siguiendo los parámetros de las empresas de Economía Social y Solidaria. Además, ofrecen los servicios de:

- Tienda de bicicletas y accesorios
- Taller de reparación
- Bicis nuevas y de segunda mano.
- Actividades de tiempo libre y sensibilización.

Dirección y contacto:
C/ Asalto 69, Local.
50002 Zaragoza
Tel/Fax: 976295800
e-mail: recicleta@grupolaveloz.com
www.recicleta.com

Esta empresa tiene como cometido y pretensión:

- Ser una empresa de Economía Solidaria para romper la lógica del beneficio económico a favor de la utilidad social.

- Ser un proyecto profundamente ecológico que apueste por la bicicleta como medio de transporte barato, sano, divertido y no contaminante, en el que prime la persona sobre la máquina.

- Ser una apuesta por el reciclaje y la venta de bicicletas de segunda mano, priorizando valores de conservación.

- No pretender ser un proyecto aislado, sino inmerso en su entorno y que busque la colaboración de todas aquellas personas y colectivos próximos a sus planteamientos.

Recicleta viene a ser mucho más que una tienda de bicicletas. En ella se puede encontrar un taller especializado en el montaje y reparación de todo tipo de bicicletas. Cursos, actividades de tiempo libre y deportivas, convocatorias en defensa de la bici. Informan y aconsejan sobre los temas de interés como usuario de la bicicleta, cotidiana o de ocio.

Foto Web: www.recicleta.com

4.2.4. PROYECTO CONBICI

ConBici es la Coordinadora de los grupos probici de España y Portugal.

4.2.4.1 Finalidades:

- La promoción del uso de la bici por la población como modo de transporte habitual.

- El fomento del ciclismo urbano e interurbano y del cicloturismo.

- El reconocimiento del pleno derecho a circular en bici en un espacio vial seguro y la puesta en práctica de las acciones consecuentes.

- Las acciones encaminadas a la creación y mejora de las infraestructuras y las medidas necesarias para el transporte seguro en bici.

- La promoción del uso combinado de la bici con los otros modos de transporte.

- La defensa de los intereses de los usuarios de la bici y de los consumidores de servicios asociados a la bici.

- La promoción de la formación personal y la integración social de los jóvenes, usuarios mayoritarios de este modo de transporte.

- En general, la mejora de la calidad de vida, del medio ambiente, la promoción socio-cultural, la solidaridad entre pueblos y grupos sociales, así como la defensa de los intereses sectoriales de ciudadanos y vecinos en lo referente a un medio saludable y habitable.

4.2.5. OTRAS PROPUESTAS

4.2.5.1. Bike-Crossing

El Bike-Crossing consiste en entregar o liberar la bicicleta que ya no usamos y que tenemos guardada en el trastero. Arreglarla un poco, adecentarla y dejarla en un sitio céntrico de la ciudad con un cartel indicando que es una BKC (Bici de Bike-Crossing) y que la pueden coger y llevársela el que le haga falta. Así de sencillo:

Piden que sigan este patrón de comportamiento cuando no la necesitemos. Que si alguien tiene otras ideas que las pongan en práctica y que cuando su situación económica mejore que hagan lo mismo que hicieron otros. O sea, dejarla en algún lugar para que alguien con más necesidad la pueda usar.

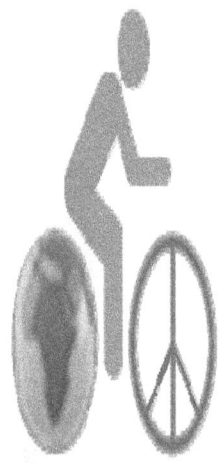

4.2.5.2. Muévete en bici

Asociación de usuarios de la bicicleta de Málaga, fundada en julio de 2000. Situada en C/ Poeta Concha Méndez, 3, bajo (muy cerca de la Plaza de los Monos y calle Victoria) 29012, Málaga, España.

Quieren disfrutar de la bicicleta en su tiempo de ocio, así como usarla como medio de transporte por ser:

- Menos contaminante.
- Más saludable.

- Más barato.
- Sin problemas de espacio.
- Menos hostil para el peatón.

Dentro de las actividades que llevan a cabo podemos decir indicar:

- Campañas de concienciación.
- Reivindicar carriles bicis y aparca-bicis dentro del marco del Plan Director de Bicicletas y del PGOU de Málaga.

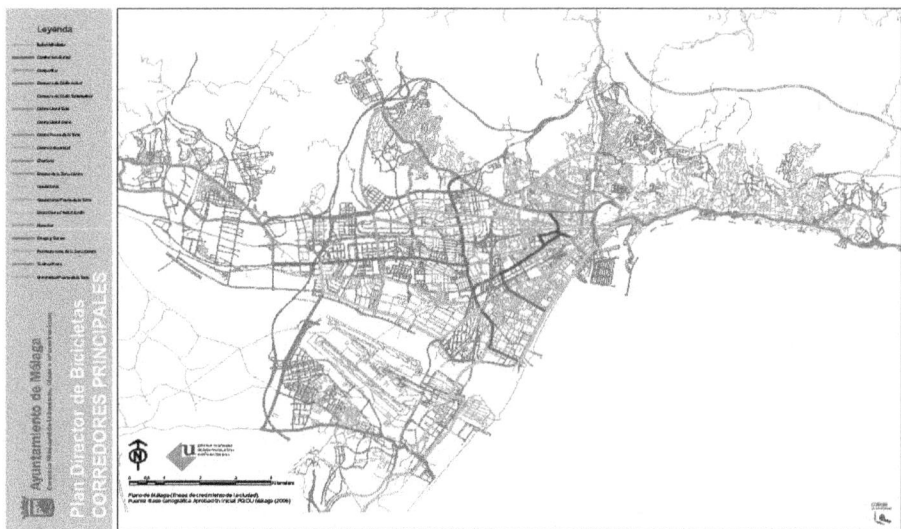

Plan de Movilidad Sostenible de la ciudad de Málaga

4.2.5.3. Sobre 2 ruedas

Sobre 2 Ruedas es una empresa Malagueña del sector de la **Mensajería Ecológica**. La empresa se dedica a la *recogida, trámites y envío urgente* de un sin fin de opciones entre las que se encuentran: *documentos, paquetes, invitaciones a eventos o bodas, medicamentos, llaves, trámites bancarios...*

A quiénes se dirigen;

- A todas aquellas empresas malagueñas que necesitan enviar, recoger o realizar cualquier movilización rápida, urgente y eficaz de tramitaciones varias.
- Grandes y medianas empresas.
- Notarios.
- Gestorías, asesores, consultores, abogados, farmacias, agencias inmobiliarias, etcétera.

Es una empresa **ecológica, respetuosa y sensibilizada** con el medio ambiente y con la conservación del planeta, partidaria del desarrollo sostenible. Todos sus procesos cuentan con un riguroso respeto al **equilibrio ecológico** y la utilización responsable de los recursos naturales. Por eso su sistema de mensajería está basado en un empleo de la **energía limpia**, evitando la contaminación que tan perjudicial resulta para nuestro ecosistema.

4.2.5.4. Imaginamed

Imaginamed nace de la voluntad de acercar las 2 culturas del mediterráneo la andaluza y la bereber marroquí, de favorecer un mejor entendimiento entre dos pueblos hermanos y de abrir nuevos horizontes a sus participantes. Esta asociación se propone hacer descubrir la riqueza y variedad del patrimonio cultural, natural, histórico y artesanal de ambas zonas.

Tratan de realizar en bicicleta de montaña viajes practicando senderismo, respetando el medio ambiente, pero sobre todo, dando al viajero el ritmo mas propicio a los encuentros y a la inmersión en el entorno.

La inmersión se completa compartiendo la vida rural de las familias durante las estancias en albergues o casa de huéspedes y de particulares en los pueblos. Imaginamed pone también en marcha acciones solidarias puntuales como la entrega de bicicletas o de ropas para niños.

IMAGINAMED

Estrechando culturas

Teléfono: 605128404

info@imaginamed.com

c/ Valparaisdo, 23

cp 29017

MÁLAGA

http://www.imaginamed.com

CAPÍTULO 5

PARTES DE LAS QUE CONSTA LA BICICLETA

5.1. ¿Qué partes constituyen una bicicleta?

5.2. ¿Cómo elegir una bicicleta?

5.3. ¿Qué debe llevar incorporada una bicicleta?

5.4. El futuro que viene.

5.5. Bicicleta vs Discapacidad.

5.1. ¿QUÉ PARTES CONSTITUYEN UNA BICICLETA?

Una bicicleta está compuesta principalmente por las siguientes partes: Cuadro, Sillín, Manillar, Cubiertas, Llanta, Cadena, Radio, Piñón, Pedal, Plato, Válvula, Zapata, Cable de freno, Timbre y reflectantes y luces.

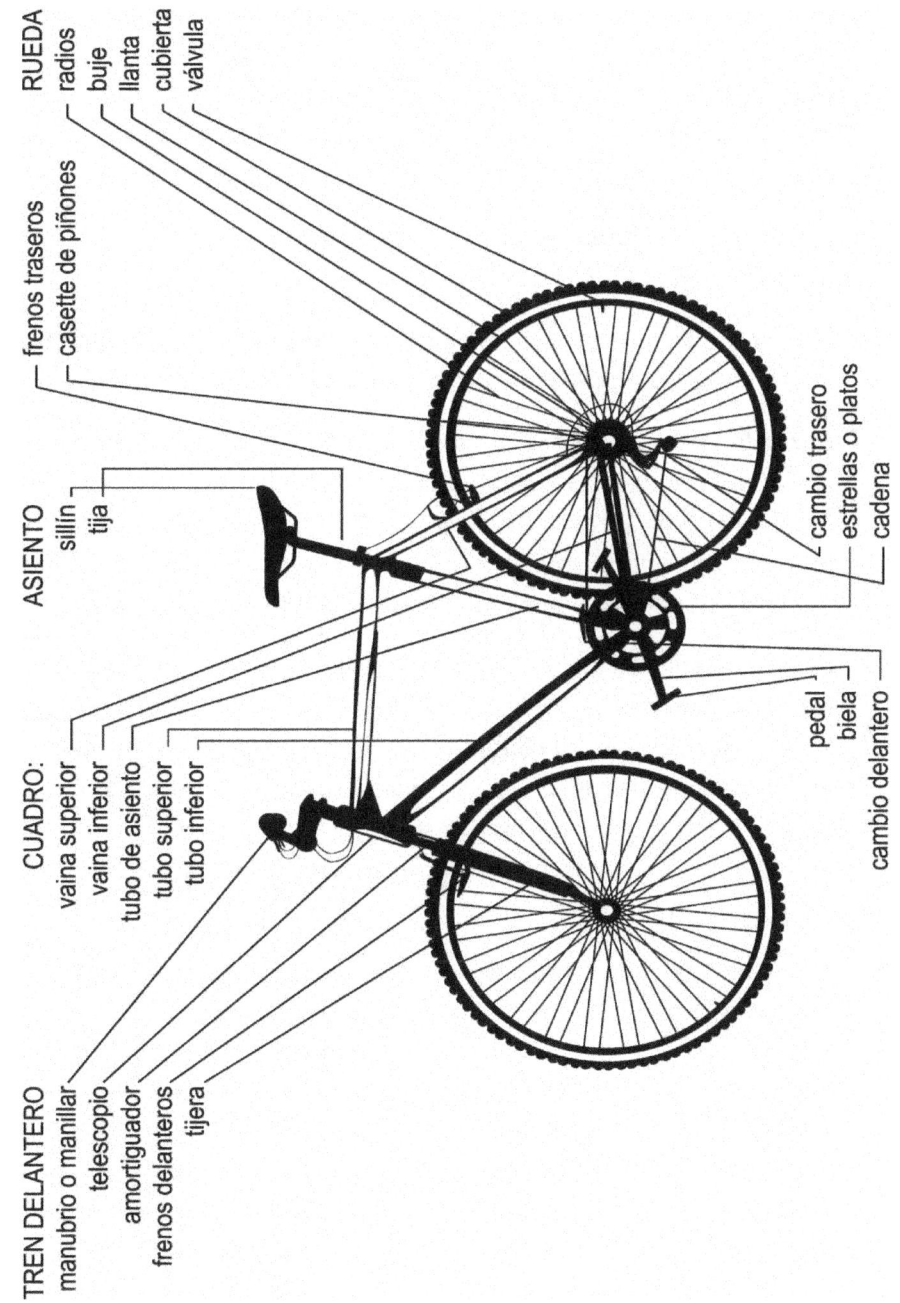

5.2. ¿CÓMO ELEGIR UNA BICICLETA?

Las características que determinan la elección de una bicicleta van en relación a distintas variables y sobre todo teniendo en cuenta el entorno donde la vamos a usar. Por tanto abordaremos dicha adquisición atendiendo a:

1. **Nuestra posición durante la conducción:** Se recomienda que mantengamos la espalda erguida y que cuando nos sentemos las manos estén cerca del manillar sin que para ello tengamos que inclinarnos sobre él. Realizándolo así nuestra espalda sufrirá menos e incluso nuestro cuello.

2. **El manillar:** Los curvados hacia atrás proporcionan una posición más relajada en brazos y muñecas.

3. **El asiento:** Este punto es muy importante ya que es el que soporta todo nuestro peso. Se recomienda asientos amplios y que tengan suspensión.

4. **El cuadro:** Hay que buscar siempre la comodidad y la adaptación a nuestras necesidades personales. Los cuadros sin barra superior son lo bastante rígidos y resistentes para un uso diario y cómodo que nos proporcione un acceso rápido a la bicicleta sobre todo cuando llevamos a cabo recorridos largos y subimos y bajamos con frecuencia de ella.

5. **La altura o talla:** Se debe llegar bien al suelo y pedalear con rendimiento cuando estamos sentados sobre ella. La seguridad es algo básico e irrenunciable, por ello el consejo que nos puedan proporcionar desde el establecimiento de compra es fundamental. Aparte de encontrar nuestra colocación hay que fijarse en la distancia a la que estamos del manillar para cogerlo, la distancia del pedal al suelo para aprovechar todo nuestro impulso.

6. **El cambio de marchas:** La circulación por la ciudad no requiere de muchas complicaciones a la hora de disponer una ingente cantidad de marchas, los cambios internos son una buena opción, son fáciles de accionar, pudiendo incluso cambiar en parado, tienen muy poco mantenimiento al desajustarse muy poco, no se estropean y son prácticamente eternos, solo tenemos un plato y un piñón y la cadena siempre está tensada y recta, lo que elimina posibles salidas de cadena y hace que los componentes duren más (entre 7 y 10 veces). También son

cambios más relajados que nos permiten una conducción más tranquila, existiendo de 3, 5, 7 y 8 velocidades, que según nuestros recorridos y gustos podemos elegir. Además, hoy en día existen las llamadas bicicletas eléctricas que nos ayudan cuando lo necesitamos.

7. **Los frenos:** Importantísimo tenerlos en perfecto estado de revista. Se recomienda el V-brake para el delantero, es simple y efectivo y a la vez barato. Para el de atrás es una buena opción el freno de pedal, tiene un mantenimiento bajísimo, frena siempre, con ruedas mojadas o deformadas por un golpe y nos permite mantenernos relajados incluso en frenadas fuertes.

8. **Las ruedas:** si nuestra talla lo permite, siempre son más cómodas y prácticas las ruedas mal llamadas de 28" (mayor diámetro que las de MTB), las notaremos más cómodas a la hora de subir bordillos y de pasar sobre irregularidades del terreno. También su comportamiento dinámico es mejor sobre asfalto.

9. **Los neumáticos:** evidentemente pensados para asfalto y con algo de dibujo. Aquí tendremos que decidir entre neumático ancho o estrecho, el ancho nos da más comodidad sobre todo si no tenemos suspensión, pues tiene un efecto similar, pero el estrecho nos ofrece menor resistencia obligándonos a hacer menos esfuerzo y menor peso en un punto crítico como el extremo de la rueda.

10. **Las revisiones periódicas.** Importantísimas para una puesta a punto y para mayor seguridad nuestra.

Distintas formas de moverse con bicicleta por la ciudad

La elección de una buena bicicleta es fundamental para su conducción

5.3. ¿QUÉ DEBE LLEVAR INCORPORADA UNA BICICLETA?

Existen multitud de formas y diseños para manejarse con una bicicleta por la ciudad, pero es importante tener claro algunos elementos que son indispensables llevar incorporados y que no deben faltar nunca, a saber:

- **El cuadro:** Barra alta o barra baja...Depende de tus preferencias. Aunque sí es verdad que una bici con barra baja (lo que algunos llaman modelo de mujer) permite que podamos bajar y subir de la bicicleta con mayor comodidad y facilidad. Importante sobre todo cada vez que tengamos que parar ante un semáforo rojo.

- **Las luces y los accesorios reflectantes:** La luz dinamo tiene la ventaja de ser potente pero en la parte trasera conviene tener una luz que funcione con pilas. ¿Por qué? Si la luz trasera funciona con pilas, cuando paras en un semáforo sigue encendida. Además de luz, es aconsejable que tu bici esté equipada con reflectantes para que pueda ser vista desde la distancia.

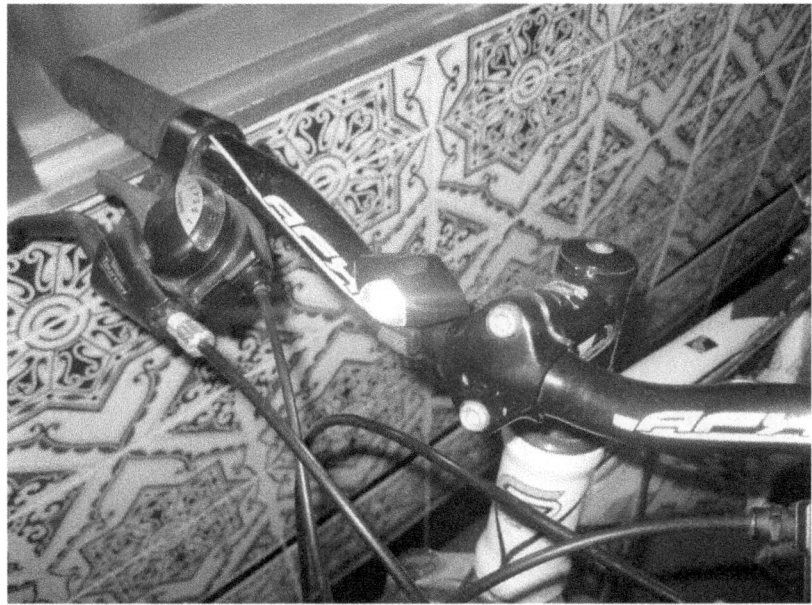

- **La parrilla trasera:** Conviene que la parrilla trasera sea robusta y que nos permita llevar carga.

- **El cubre cadenas:** Para que no ensuciarse los pantalones o las mayas y para que no se te enganchen. Si se te engancha el pantalón, no solo lo has estropeado sino que también puedes perder el equilibrio y causar un accidente.

- **Los cambios:** No necesitas tener 21 velocidades. El que te diga lo contrario seguramente no ha montado mucho en bici por la ciudad. Las recomendaciones que se suelen hacer son de 3, 5 ó 7 velocidades.

- **El guardabarros delantero y trasero:** En caso de lluvia evitan que nos salpique.

- **Un asiento confortable:** Lo más importante es que se adapte a nuestras necesidades fisiológicas y que sea lo más cómodo posible.

- **Las cubiertas:** Las cubiertas deben ser resistentes a los pinchazos. También es recomendable que entre los radios se tengan reflectantes que de noche nos permitan ser visto desde el lateral.

- **Un timbre:** Es importante avisar de nuestra presencia o llegada.

Y no olvidar, que aparte de todos estos elementos no puede faltar como complemento a todos ellos un chaleco reflectante, el casco y porqué no un seguro de bicicletas.

5.3.1. LA TALLA DE LA BICICLETA.

Para conocer la talla que debe tener nuestra bicicleta mediremos la longitud de nuestra pierna desde la ingle hasta el talón, multiplicaremos por 0,65 y al resultado que obtengamos le restaremos 5 cm. Lo obtenido será la altura que deberá tener el cuadro.

5.4. EL FUTURO QUE VIENE.

El futuro se renueva y se seguirá renovando siempre atendiendo al avance tecnológico, a la estética y a las necesidades reales de los usuarios. Por tanto, para este siglo y para estos años los fabricantes de bicicletas han apostado por la libertad para el desplazamiento y las forma de moverse en bicicleta, ya sea de forma tradicional y pedaleando en máquinas convencionales como la futurista o sostenible bicicleta eléctrica e incluso en las plegables, sin dejar de mencionar la patente de un emprendedor israelí que ha fabricado la BV6 o bicicleta de cartón, toda una revolución en el mercado.

Bici retro. Un solo piñón.

Tanden

Bici plegable

Bici con dinamo que se recarga con la pedalada

Bicicleta tuneada en las calles de Bilbao

5.5. BICICLETA vs DISCAPACIDAD

Si la Educación primaria debe contribuir a desarrollar en los niños y niñas las capacidades que les permitan conocer, comprender y respetar las diferentes culturas y las diferencias entre las personas, la igualdad de derechos y oportunidades de hombres y mujeres y <u>la no discriminación de personas con discapacidad</u>, se hace necesario que este medio, como es la bicicleta, también se adecue a las necesidades reales de estas personas para que su integración y realización de actividades esté al alcance de sus manos.

Adaptar sesiones a personas con necesidades educativas especiales, o con *diversidad funcional* (Salinas, F., 2009), es de vital importancia para los docentes. Su mayor reto es encontrar las modificaciones o respuestas a la pregunta de ¿cómo enseñar? *"pues no existe una metodología –ideal-... cada caso requiere unas estrategias concretas, que han de ser diseñadas tras una evaluación ajustada del alumnado, sus características, intereses y necesidades"* (Arráez Martínez, J. M., 1997)

Cartel de la actividad que llevan a cabo en la ciudad de México para que los invidentes experimenten, junto a otra persona vidente, el placer de moverse por la ciudad en lo alto de una bicicleta.

CAPÍTULO

LA IMPORTANCIA DE LA EDUCACIÓN VIAL EN EL AULA

6.1. La Educación Vial en el Aula

6.1. LA EDUCACIÓN VIAL EN EL AULA.

La educación vial es una parte muy importante de la formación como personas y como peatones de nuestro alumnado, por este motivo se hace necesario incluirla dentro del sistema educativo para aplicar y desarrollar actividades encaminadas a su desarrollo formativo, tanto teórico como práctico. Ante esto lo primero que surge es la definición que damos a esto que llamamos Educación Vial. RACE la define como parte de la Educación Social, siendo una eficaz base de actuación ciudadana, dado que trata de crear hábitos y actitudes positivas de convivencia, de calidad de vida, calidad medioambiental y la SEGURIDAD VIAL. Viene a ser una parte importantísima en la Educación del alumnado de cara a su formación y desarrollo como personas que tienen que interactuar con su medio físico y social adoptando unos hábitos de conducta que les permitan una cierta seguridad en su entorno.

La utilización del casco es fundamental

Esto la convierte en un proceso en el que se forma y construye la educación del peatón y por añadidura del ciclista y conductor-a, ya que la asimilación de conceptos y puesta en práctica desde muy jóvenes les hacen adquirir una base sólida que les hará ser de mayores peatones, ciclistas, conductores y pasajeros mucho más seguros, reforzando, así, los hábitos de seguridad en relación con el tráfico y por supuesto como conductores de bicicletas.

La importancia que se le ha de dar a la Educación Vial dentro del sistema educativo es importantísima y necesaria para su incorporación como materia transversal dentro del currículo escolar, ya que su concepto debe de ir más allá del meramente aprendizaje normativo y señalístico, sino que debe asentarse como base sólida de aplicación de hábitos y actitudes, como anteriormente se ha comentado. De hecho, un estudio de la fundación MAPFRE, asegura que la mayoría de los escolares suspenden en seguridad vial (EFE, 2011). Niños y niñas de entre los 5 y 13 años no suelen cruzar de forma habitual por los pasos de peatones y no esperan a que los semáforos les den preferencia. Igualmente, el estudio concluye que: *"los profesores tienen por lo general una actitud positiva hacia la seguridad y la educación vial, aunque se consideran poco formados para impartir esta materia..."* (EFE, 2011). También los padres tienen mucho que decir y enseñar en todo esto. Al ser agentes educadores, su comportamiento repercute en el modelo a seguir por sus hijos. Por tanto, tienen que predicar con el ejemplo. El informe, al que se hace referencia, de Educación en Valores para la Seguridad Vial señala:

> *"que la mayoría de los alumnos de Educación Primaria y la ESO cumplen las normas básicas de convivencia social, pero no son conscientes de las consecuencias que implica comportarse de manera poco segura como peatones y también como conductores de bicicleta y de ciclomotor. Asimismo, muestra que muchos de los menores desconocen las señales, tanto las verticales (el 57%) como las que proceden de los agentes (60%).* (EFE, 2011)

La participación de los padres y madres es importantísima en la enseñanza de la Educación Vial de los escolares predicando con el ejemplo, ya que son modelos para sus hijos.

DIARIO CÓRDOBA
Sábado, 17 de septiembre del 2011

SOCIEDAD

ESTUDIO DE LA FUNDACIÓN MAPFRE

La mayoría de los escolares suspenden en seguridad vial

- Los niños no cruzan por pasos de peatones ni esperan el semáforo
- El informe alerta de los malos ejemplos que dan los padres

EFE
MADRID

▶▶ Dos niñas cruzan una calle delante de un vehículo.

Una encuesta de la Fundación Mapfre suspende a los niños de entre los 5 y los 13 años, porque la mayoría no cruza habitualmente por los pasos de cebra, no espera los semáforos en rojo, juega en la calzada o en los bordes de las aceras y sale del coche sin mirar alrededor. El estudio, realizado tras la distribución de cuestionarios en centros escolares para padres, alumnos y profesores, analiza el nivel de conocimientos y la implicación de los colegios y las familias en educación vial.

Concluye que los profesores tienen por lo general una actitud positiva hacia la seguridad y la educación vial, aunque se consideran poco formados para impartir esta materia, que para más de la mitad resulta innecesaria. Los docentes reconocen que a pesar de la buena disposición de los alumnos a la hora de aprender educación vial, solo tres de cada diez tiene los conocimientos adecuados.

El informe *Educación en Valores para la Seguridad Vial* señala que la mayoría de los alumnos de Educación Primaria y la ESO cumplen las normas básicas de convivencia social, pero no son conscientes de las consecuencias que implica comportarse de manera poco segura como peatones y también como conductores de bicicleta y ciclomotor. Asimismo, muestra que muchos de los menores desconocen las señales, tanto las verticales (el 57%) como las que proceden de los agentes (60%). El estudio destaca que la mayoría de los encuestados no cruzan habitualmente por los pasos de cebra, ni esperan a que el semáforo esté verde.

Respecto a las respuestas de las familias, la fundación expone la necesidad de que mejoren también en conocimientos y buenas prácticas y considera preocupantes algunas de las informaciones que aportan los menores sobre la conducta de sus padres, como que al 75% a veces se les olvida abrocharse el cinturón de seguridad.

LOS PADRES / El mismo porcentaje de padres (75%) no vería como un peligro conducir con exceso de velocidad, manipular el GPS y hablar por el teléfono móvil mientras se conduce. El estudio también alerta de que casi la mitad de los padres no conocen ciertas normas básicas relacionadas con el adelantamiento a ciclistas, la velocidad a la que se debe circular por una zona residencial, las obligaciones que tienen los peatones o cómo actuar en caso de atropello, entre otras.

Según explicó el director general del Instituto de Seguridad Vial de la Fundación Mapfre, Julio Laria, si mejorara la colaboración entre familias y colegios a la hora de realizar actividades relacionadas con la seguridad y la educación vial (un 78% de los profesores reconoce que no realiza actividades conjuntamente) el nivel de conocimientos de los alumnos mejoraría sustancialmente.

Recuerda a los padres que "tienen que predicar con el ejemplo cada día con comportamientos responsables", porque son modelos para sus hijos.

CAPÍTULO 7

NORMATIVA A NIVEL SOCIAL

7.1. La normativa, existente en materia ciclista, a nivel social.

7.1. LA NORMATIVA, EXISTENTE EN MATERIA CICLISTA, A NIVEL SOCIAL.

En materia de ciclismo debe señalarse que la Ley 43/1999, de 25 de noviembre, sobre adaptación de las normas de circulación a la práctica del ciclismo, efectuó una Importante reforma del texto articulado de la Ley sobre tráfico, circulación de vehículos a motor y seguridad vial, que, a su vez, ha resultado afectada por la Ley 19/2001, a cuya promulgación ha habido que esperar para efectuar un extenso desarrollo reglamentario, que ahora lleva a cabo. Ello ha llevado también a revisar y actualizar todo el sistema de señalización, adaptándolo a los avances en los criterios de utilización generalizados en los países de nuestro entorno, mejorando la concordancia entre la normativa de tráfico y la de carreteras a este respecto. En el anexo I se representan gráficamente las señales. En el anexo II se regulan las pruebas deportivas, las marchas ciclistas y otros eventos, hasta ahora reguladas por el artículo 108 y el anexo 2 del Código de la Circulación, preceptos que es preciso derogar reordenando las pruebas deportivas en torno al artículo 55 del Reglamento General de Circulación, que trata de las carreras, concursos, certámenes u otras pruebas deportivas. Destaca la competencia de las comunidades autónomas para autorizar la celebración de pruebas deportivas por vías interurbanas de su ámbito territorial, habida cuenta que tienen asumida y traspasada la competencia en materia de espectáculos públicos en general, carácter del que participan las pruebas deportivas, cuya singularidad e incidencia en la seguridad vial se salvaguarda a través de un informe vinculante, que emiten con carácter previo a la autorización las Administraciones públicas encargadas de la vigilancia y regulación del tráfico.

La Ley introduce cambios y términos nuevos para los ciclistas:

- Los ciclistas, cuando no dispongan de una vía o parte de la misma especialmente destinada a ellos, circularán por el arcén de la derecha; también podrán hacerlo los vehículos en seguimiento de ciclistas, a una velocidad por debajo de los límites mínimos.

- Los ciclistas podrán superar la velocidad máxima fijada para ellos (40 km/h) en aquellos tramos en los que las circunstancias de la vía aconsejen desarrollar una velocidad superior, pudiendo ocupar incluso la parte derecha de la calzada que necesiten, especialmente en descenso prolongados con curvas.

- Podrán circular por los arcenes de las autovías salvo que, por razones de seguridad, se prohíba con señales.

- Los ciclistas pueden circular en grupo, en cuyo caso se les considera como una única unidad móvil a efectos de prioridad.

- Para adelantar a un ciclista o grupo de ellos, se ocupará parte o la totalidad del carril contrario de la calzada, incluso cuando esté prohibido el adelantamiento, siempre que se pueda efectuar la maniobra sin peligro.

- Se añaden nuevos términos como VÍA CICLISTA (específicamente acondicionada para las bicicletas); CARRIL-BICI (cuando discurre adosado a la calzada); CARRIL-BICI PROTEGIDO (con elementos laterales que lo separan del resto de la calzada); ACERA-BICI (con trazado independiente de la carretera); y SENDA CICLABLE (vía para peatones y bicicletas que discurre por espacios abiertos, parques o bosques).

A continuación se extrae un extracto de dicha ley para ver la normativa en cuanto a los usuarios de bicicletas.

7.1.1. A NIVEL GENERAL

- No se podrá circular en bicicleta con una tasa de alcohol en sangre superior a 0,5 gramos por litro, o en aire respirado superior a 0, 25 miligramos por litro.

- No se podrá circular en bicicleta si se han ingerido o incorporado al organismo psicotrópicos, estimulantes u otras sustancias análogas.

- En carretera, se deberá circular siempre por la derecha y lo más cerca posible del arcén.

- Cuando se viaje en grupos deberán hacerlo en hilera y si la vía lo permite formando dos hileras paralelas lo más cerca del arcén derecho.

- En ningún caso se podrá circular por autopistas o autovías.

- La velocidad máxima fuera de poblados será de 45 kilómetros por hora.

- Se prohíbe realizar pruebas de velocidad o competiciones en vías públicas sin la autorización necesaria de la autoridad competente.

- Las bicicletas tendrán prioridad de paso con respecto a los otros vehículos motorizados en los siguientes casos:

- Cuando circulen por el carril de bicis.

    - Cuando circulen por el carril de bicis.
    - Cuando un vehículo a motor valla a realizar un giro permitido y haya una bici en sus proximidades.
    - Cuando circulando en grupo, el 1º haya iniciado el cruce o haya entrado en una glorieta. En los demás casos se aplicara la normativa entre vehículos vigente.

- Los peatones solo tendrán prioridad de paso con respecto a las bicicletas en los siguientes casos:

    - En los pasos de peatones señalizados.
    - Cuando realicemos un giro o crucemos un arcén y haya peatones cruzando aun que no haya paso de peatones.
    - Cuando bajen de un vehículo o un transporte público.

- Cuando haya tropas en formación, filas escolares o comitivas organizadas.

Paso de peatones en Guetaria (San Sebastián)

- Los animales solo tendrán prioridad de paso con respecto a las bicicletas en los siguientes casos:

    - En las cañadas señalizadas.
    - Cuando realicemos un giro o crucemos un arcén y haya animales cruzando, aunque no haya señalización de paso para ellos.

- Para circular entre el ocaso y la salida del sol y en túneles, las bicis deberán llevar elementos reflectantes homologados, prendas reflectantes para poder ser vistos a 150 m y si fuera necesario el uso de alumbrado.

- Para circular por vías interurbanas se deberá circular con un casco homologado, salvo por prescripción médica, en condiciones extremas de calor o en rampas ascendentes prolongadas. Los conductores de bicicletas en competición se regirán por sus propias normas.

- Todo usuario de la vía implicado en un incidente de circulación deberá:
    - Detenerse de manera que no incida en otro accidente de circulación.
    - Hacerse una idea global de las circunstancias y consecuencias del accidente para poder actuar en consecuencia para evitar que se agrave dicho suceso, auxiliar a los heridos, facilitar la identificación y colaborar con la autoridad.

- Restablecer o mantener la seguridad de la circulación y evitar la modificación del estado de las cosas, salvo que perjudique la seguridad de los heridos o de la circulación.

- Prestar a los heridos el auxilio más adecuado, según las circunstancias.

- Avisar a la autoridad, si hubiera heridos o muertos y no moverse del lugar hasta que llegue la autoridad a no ser que esta diga lo contrario.

- Comunicar su identidad o datos del vehículo a las personas implicadas si se lo pidiesen si solo hubiera daños materiales.

- Todo usuario que advierta el incidente, sin estar implicado en el, deberá auxiliar en la medida de lo posible a no ser que ya estén la autoridades.

- Los usuarios de la vía deberán obedecer las indicaciones de los semáforos, de las señales verticales situadas inmediatamente a su derecha, encima de la calzada o encima de su carril. Solo se obedecerán las señales inmediatamente de la izquierda cuando se vaya a girar a la izquierda o seguir de frente.

Juegos Olímpicos de Londres 2012

7.1.2. A NIVEL DE PRUEBAS DEPORTIVAS

- La actividad de las pruebas deportivas se regirá por las normas establecidas por el reglamento deportivo y demás normas que resulten de la aplicación.

- Las pruebas se realizaran con el tráfico cerrado a los usuarios ajenos a las pruebas, y gozaran del uso de la vía que comprende desde el vehículo de apertura con bandera roja hasta el vehículo de cierre con bandera verde.

- El control de las pruebas estará realizado por el personal de la organización y por los agentes de la autoridad.

- Los participantes deberán acatar la normativa de participación que se haya propuesto. Todo participante que sea superado por el vehículo de cierre con bandera verde, por no encontrarse en condiciones para superar los horarios previstos o sobrepase el tiempo de cierre, deberá de abandonar la competición.

- La organización dispondrá de vehículos de apoyo, banderines y medios adecuados para la señalización del recorrido.

- Los itinerarios deben de realizarse en los lugares peligrosos, incluso con personal de la organización y con instrucciones precisas del responsable de seguridad vial. Estas señales deberán de ser retiradas una vez pase el último participante.

- La organización dispondrá, como mínimo, de una ambulancia y de un médico para la asistencia a los participantes. En pruebas superiores a 750 deportistas, deberá tener dos médicos, dos socorristas y dos ambulancias.

- El director ejecutivo y el responsable de seguridad vial deberán ser mayores de 18 años y conocer las normas de circulación y las normas de la competición.

- El personal auxiliar deberá: ser mayor de 18 años y tener permiso de conducción, disponer por escrito de las instrucciones precisas del responsable de la seguridad vial, tener un sistema de comunicación eficaz, disponer de material de señalización adecuado (conos, banderas rojas o amarillas y verdes) y deberán poder desplazarse de un punto a otro del recorrido para realizar sus funciones.

7.1.3. NORMATIVA DE MARCHAS CICLISTAS

Se entenderá por marcha ciclista aquellas actividades de más de 50 ciclistas, con vistas deportivas, turísticas o culturales. Esta normativa se aplicará a marchas ciclistas organizadas.

- La organización estará obligada a comunicar la celebración de dicho evento a los ayuntamientos de las localidades donde discurran.

- El control del evento será regido por el personal de la organización y los agentes de la autoridad.

- Los participantes podrán agruparse y circular libremente, siempre por un carril, respetando las normas de circulación, exceptuando que por seguridad no deba realizarse.

- La organización dispondrá de un vehículo piloto de apoyo, banderines y medios adecuados para señalizar el recorrido, así como medios para retirar dicha señalización al terminar el evento.

- Los itinerarios deben de señalizarse en lugares peligrosos, con personal autorizado si fuese necesario. La señalización en la calzada deberán de realizarse con materiales que se borren rápidamente.

- Todas las pruebas irán precedidos por un agente de la autoridad con una bandera roja y uno al final con una bandera verde, ambos deberán llevar las luces de avería y de cruce encendidas y respetar una distancia mínima de 200 m sobre los participantes

- La organización deberá de contar como mínimo con una ambulancia y un medico para la asistencia a los participantes.

- El director ejecutivo y el responsable de seguridad vial deberán ser mayores de 18 años y conocer las normas de circulación y las normas de la competición.

- El personal auxiliar deberá: ser mayor de 18 años y tener permiso de conducción, disponer por escrito de las instrucciones precisas del responsable de la seguridad vial, tener un sistema de comunicación eficaz, disponer de material de señalización adecuado (conos, banderas rojas o amarillas y verdes) y deberán poder desplazarse de un punto a otro del recorrido para realizar sus funciones.

- Los participantes de la marcha deberán de estar amparados por un seguro de responsabilidad civil.

- Las marchas se realizaran con el tráfico abierto, salvo en casos o tramos donde haya que cerrarlo por motivos de seguridad.

Foto: http://penaciclistaperabena.blogspot.com

CAPÍTULO 8

DECÁLOGO DEL CICLISTA Y PEATÓN

8.1. Decálogo del buen ciclista y peatón.

8.1. DECÁLOGO DEL BUEN CICLISTA Y PEATÓN.

Para ser un buen CICLISTA se deben de tener en cuenta las siguientes consideraciones:

4. El uso del CASCO es imprescindible siempre, así como cualquier tipo de PROTECCIÓN que nos reserve y proteja ante cualquier caída.

5. El uso de LUCES delanteras y piloto trasero es necesario en una bicicleta. Asegúrate de llevar luces reglamentarias, revisando periódicamente el alumbrado de tu bicicleta.

1. Un buen CHALECO REFLECTANTE, así como otros medios para que seas visible, son igualmente necesarios aún circulando de día. (Brazaletes reflectantes, tiras reflectantes, el uso de ropas de colores claros, etc.).

2. Hay que mantener la bicicleta en perfecto estado de revista.

3. Revisa la PRESIÓN de las ruedas periódicamente.

4. Señalizar todas las MANIOBRAS que vayas a realizar con tu bicicleta como giros, detenciones, etc.

5. Mantener siempre una mano sobre el manillar para evitar problemas de desestabilización y equilibrio. No llevar a cabo acciones que nos pongan en peligro a nosotros y a los demás.

6. Recordar que la bicicleta es un vehículo más, por tanto, hay que obrar y respetar las señales de tráfico. Los semáforos también son señales que hay que respetar.

7. Sé siempre muy PRECAVIDO. Adelántate a cualquier acontecimiento que veas que se va a producir.

8. Ten cuidado con los frenazos de los coches que van delante. No te acerques demasiado a los otros vehículos, guarda una distancia de seguridad.

9. Cuando se circule con otro u otros ciclistas, hay que colocarse en paralelo de a dos o en fila india de uno.

Para ser un buen PEATÓN se deben de tener en cuenta las siguientes consideraciones:

10 Circular por las aceras y nunca por los filos de las mismas.

11 Extremar las medidas de seguridad en las salidas y entradas de cocheras, garajes, pasos de peatones, etc.

12 No circular por la calle con animales sueltos, pueden provocar accidentes.

13 Hay que ayudar a personas que necesiten asistencia a la hora de cruzar una calle, en un accidente, etc., así como respetar y hacer respetar las señales de circulación.

14 Cruzar siempre por los lugares señalados para esto, mirando siempre a derecha e izquierda antes de cruzar y asegurándose que los coches se han detenido.

Foto: David Aceituno

8.1.1. RECOMENDACIONES.

Ante las recomendaciones de actuación para peatones, las administraciones y las distintas fundaciones y estamentos públicos y privados establecen una serie de recomendaciones que a continuación se detallan:

ANTES DE CRUZAR:
- Antes de llegar a la calzada, fijarnos en la velocidad y distancia de los coches
- Cuando miremos IZQUIERDA, DERECHA, IZQUIERDA hacerlo con un pie avanzado, facilita el inicio de la marcha.
- Si llevamos mochila, colocarla correctamente y no llevarla colgada de un hombro, corremos el riesgo de que nos desequilibre.

CUANDO CRUCEMOS:
- No tenemos que olvidar que gran parte de los atropellos en ciudad se producen en los pasos de peatones y lugares sin señalizar. Deberemos dejar muy claro a los alumnos la forma más segura de cruzar la calzada. Comenzaremos explicando como se cruza la calzada y las situaciones que se pueden producir.
- Muchas veces, la mayoría de los adultos conocen las reglas para cruzar la calzada, y aun así se producen atropellos. Tenemos que pensar que cruzar la calzada no es fácil, tenemos que procesar mucha información en muy poco tiempo y casi de manera inconsciente.

Todos estos procesos se realizan muy rápido y casi de manera inconsciente, y durante todo el tiempo que estamos procesando la situación el vehículo sigue en movimiento, recorriendo metros de calzada y reduciéndose el espacio entre el coche y el peatón.

---

www.race.es

CUANDO CRUCEMOS POR EL PASO DE PEATONES:

- Al llegar al paso de peatones nos detendremos en la acera, no en la calzada, mostraremos la intención de cruzar mirando a los coches y a sus conductores. Una vez que los coches se han detenido, comenzaremos a cruzar.
- Si la calle es de un solo sentido, cruzar por el lado del paso de peatones más alejado al coche parado.
- Si la calle es de dos sentidos deberemos asegurarnos que los coches que circulan por ambos sentidos van a parar. Cruce de la calzada sin señalizar Cruzar siempre por el lugar que nos permita más visibilidad, y anticipar la trayectoria de los vehículos en todos los sentidos de la marcha. Evitar este tipo de situación, buscando el paso de peatones más cercano.
- No salir de entre los coches, es peligroso.

CUANDO CRUCEMOS MEDIANTE SEMÁFOROS:

Los semáforos sirven para informar a los conductores y a los peatones.
La mayoría de los semáforos suelen tener dos partes.

- Arriba: para los conductores y tienen 3 luces redondas: Roja, Amarilla y Verde
- Abajo: para los peatones y tienen dos muñecos: uno Rojo parado y uno Verde andando.

Colores de los semáforos

- Color Rojo: quiere decir que el paso está cerrado.
- Color Amarillo: nos avisa que va a cambiar a Rojo.
- Color Verde: indica que podemos pasar.

Para cruzar correctamente deberemos:

- Esperar en bordillo de la acera no en la calzada
- Mirar las luces que hay para los peatones.
- Cruzar cuando el muñeco está en verde y los coches están parados.
- Cuando el muñeco empieza a parpadear nos indica que va a cambiar a rojo y dará paso a los vehículos, no debemos cruzar.

www.race.es

CUANDO CRUCEMOS PLAZAS Y ROTONDAS:

En las plazas y rotondas deberemos extremar la precaución, ya que hay que prestar atención a las calles que llegan a las plazas y rotondas. La forma correcta de cruzar las rotondas y las plazas es la siguiente:

No atravesaremos la plaza o rotonda por el medio, riesgo de atropello, cruzaremos por las esquinas de sus calles por los pasos de peatones, rodeando la plaza o rotonda hasta el lugar deseado. Es un poco más largo pero es la forma más segura.

CUANDO CRUCEMOS UNA CARRETERA:
- Si circulamos por la carretera como peatón deberemos seguir las siguientes instrucciones:
- Circular siempre por el lado izquierdo de la calzada de tal manera que al caminar siempre vea a los coches venir de frente.
- Caminar siempre por el arcén y en fila india.
- Recuerda que no está permitido caminar ni atravesar las autopistas.
- Si tenemos que cruzar lo haremos por el lugar más seguro y con mayor visibilidad. Recordar que las curvas no es un buen lugar para cruzar.

CUANDO CIRCULEMOS POR LA NOCHE:

La norma más importante para circular por la noche es la de ver y ser visto. Para ello deberemos llevar en todo momento un buen sistema de alumbrado para ser visto y poder ver
- Si circulas como peatón recuerda llevar una linterna y material reflectante (chaleco, brazaletes, zapatillas, etc.).
- Si circulas como ciclista deberás llevar, un faro delantero, un piloto trasero reflectante en las ruedas y un peto o brazaletes sin olvidar el casco.

www.race.es

8.1.2. NO OLVIDAR NUNCA QUE:

- Con luz roja no se debe pasar.

- Con luz amarilla –ámbar- hay que hacerlo con precaución.

- Con luz verde podemos pasar, pero sin despistarse. No cruzar hasta que no se hayan detenido los vehículos y el muñeco esté en verde.

8.1.3. ORIENTACIONES PARA EL PROFESORADO.

- Llevar a cabo campañas que favorezcan una educación en hábitos y comportamientos seguros. La formación a todo el colectivo educativo es fundamental.

- El aprendizaje se lleva a cabo por imitación, por tanto practicar con el ejemplo. Los niños-as están siempre atentos-as a cualquier comportamiento que hagamos, aunque creamos que no nos están viendo. Es importante resaltar este aspecto en padres y madres.

- Hay que hacerles ver y entender que es importantísimo el uso de protecciones, de materiales que nos hagan visibles, así como elementos acordes con la edad de los sujetos (Sillas infantiles). No dejar de recordarles el uso del cinturón de seguridad en todo desplazamiento por muy corto que este sea.

- Hay que circular en carretera viendo los vehículos venir. Si caminamos de noche hay que utilizar elementos reflectantes que nos hagan visibles. También hay que caminar en fila de a uno si vamos en grupo.

Bicicletas con elementos infantiles acoplados

- Es importante que niños y niñas sepan orientarse por el pueblo o ciudad de manera efectiva, utilizando el camino más seguro para llegar a su destino, enseñándoles donde pueden estar los lugares más peligrosos en ese trayecto.

- Las salidas de los colegios son lugares en los que hay que extremar las medidas de prevención, sobre todo en la salida, en la que los niños-as suelen salir corriendo, sin mirar si viene o no algún tipo de vehiculo. Aunque suelen haber pasos de peatones, recordarles que extremen las medidas de seguridad.

- Si tienen que coger el autobús para llegar como para salir, habría que recordarles que sigan las instrucciones del conductor-a y que esperen en lugar seguro la llegada del autobús.

- Habría que recordarles a las familias que los mejores regalos muchas veces están en la prevención, en regalarles sistemas de seguridad como puedan ser el casco, las rodilleras, el chaleco reflectante, etc.

CAPÍTULO

DECLARACIÓNES PACTOS Y PROTOCOLOS

9.1. Declaración de Ámsterdam.

9.2. Pacto Andaluz por la bicicleta.

9.1. DECLARACIÓN DE ÁMSTERDAM

El derecho de usar la bicicleta.

Nosotros, los participantes de la Conferencia Mundial sobre la Bicicleta Vélo Mondial 2000, reunidos en Ámsterdam en junio del año 2000, proclamamos que las personas (incluidos los niños) deberían tener el derecho de usar la bicicleta cuando quieran. Declaramos que el uso de la bicicleta requiere una mayor aceptación y promoción por parte de todas las organizaciones pertinentes y de todos los gobiernos en todo el mundo. Hacemos un llamamiento para que se adopten medidas en este sentido.

9.1.1. VENTAJAS:

- El uso de la bicicleta aporta muchas ventajas, tanto para el individuo como para la sociedad y el medio ambiente.
- La bicicleta, como modo de transporte particular, ofrece un transporte de puerta a puerta que es al mismo tiempo rápido y eficaz:
    - La bicicleta ofrece una disponibilidad inmediata y su mantenimiento resulta relativamente barato.
    - El tiempo de desplazamiento en bicicleta es previsible; al ciclista no le afecta la congestión del tráfico.
    - La bicicleta ofrece intimidad, independencia y libertad, el ciclismo es una actividad emancipadora.
    - Al ser el ciclismo una forma de ejercicio, mejora la salud física y mental.
    - En la cambiante sociedad de hoy día, la bicicleta ofrece una forma de transporte flexible.
    - La circulación en bicicleta mantiene fluido el tráfico de las ciudades y previene o reduce la congestión.
    - El uso de la bicicleta amplía el radio de actividad de las personas, independientemente de que sean jóvenes o de avanzada edad, ricas o pobres, hombre o mujeres.

- El uso de la bicicleta ahorra espacio y dedicarle infraestructura es rentable.

- Desplazarse en bicicleta ahorra tiempo y promueve el desarrollo de la economía local.

- Un mayor uso de la bicicleta significa un mejor acceso a las oportunidades de empleo, una mayor creación de puestos de trabajo y un mayor nivel de salud pública.

• El uso de la bicicleta mejora el entorno donde vive la gente y dinamiza nuestras ciudades:

- La bicicleta es silenciosa, limpia y sostenible.

- El uso de la bicicleta no amenaza ni la naturaleza ni el paisaje.

- Los ciclistas son una amenaza insignificante para los demás.

- El uso de la bicicleta no supone ninguna carga para las reservas de combustibles fósiles.

9.1.2. OPORTUNIDADES Y POTENCIAL

Las nuevas tecnologías están llevando el mundo entero a las salas de estar de las familias. La aldea global existe, pero es principalmente virtual. La mayoría de las actividades de la gente todavía significan salir de casa.

La distancia no parece limitar los lugares a los que uno puede viajar. Sin embargo, en todo el mundo, los viajes que efectúa la mayoría de la gente son cortos. La gran mayoría de viajes se dan dentro de la propia ciudad o municipio: entre un 60% y un 90% de los viajes son inferiores a 6 ó 7 kilómetros. En muchas ciudades y pueblos, ir a pie y en bicicleta son los modos de transporte más usados. Esto es así ahora y prevemos que seguirá siendo así durante mucho tiempo.

Hay muchos casos en los que el peso que tiene la bicicleta como parte del transporte local puede ser incrementado.

Comparado con el transporte a pie, usar la bicicleta aumenta de forma considerable el área que puede cubrir una persona, así como su capacidad de transportar cargas. También permite ganar tiempo para otras actividades.

Aproximadamente la mitad de todos los viajes en automóvil son de menos de 7,5 kilómetros, media hora en bicicleta. El ciclismo es una alternativa realista para un 50% de estos cortos viajes en coche.

Dentro de las grandes ciudades y en las rutas interurbanas, la bicicleta puede aumentar el potencial del transporte público. Lo hace de cara al individuo, al ofrecer un acceso eficaz al transporte público; de cara a los operadores del transporte público, que al reconocer a los ciclistas como alimentadores, aumentan la zona de captación de las estaciones y de las paradas.

En las situaciones en las que las plazas de aparcamiento cercanas al origen o destino de los viajes sean limitadas, las bicicletas ofrecen una alternativa de transporte fácil para llegar a los aparcamientos y para salir de ellos.

9.1.3. CONDICIONES

Las circunstancias pueden variar sustancialmente de un país a otro. Sin embargo, si se va a realizar el potencial de la bicicleta y si se quiere asegurar que el uso de la bicicleta sea atractivo y seguro, deben satisfacerse algunas condiciones universales:

- Una condición básica en muchos países es una mayor disponibilidad de bicicletas fiables, seguras y de precio asequible.

- Hacer que el uso de la bicicleta sea más atractivo requiere que se destine espacio y se adopten medidas para acomodar tanto las bicicletas aparcadas como las bicicletas en movimiento.

- Es conveniente quitar las barreras al flujo ininterrumpido de bicicletas; es necesario eliminar las amenazas planteadas por el tráfico de vehículos a motor.

- En las situaciones que presentan un aumento del tráfico motorizado, es indispensable proteger a los ciclistas.

- También es importante asegurar que la bicicleta tiene un lugar dentro del sistema global de tráfico y transportes.

Ciclistas circulando por la vía pública

- Esto precisa de una mayor atención por parte de los urbanistas para asegurar que la mayoría de los viajes puedan tener lugar dentro de un área que se pueda recorrer en bicicleta. Por lo tanto, es necesario evitar la baja densidad y estimular un uso mixto del suelo en las zonas urbanas.

- Esto exige unos planes de transporte que consideren que la bicicleta tiene un valor y una funcionalidad iguales a los de otros modos de transporte.

- Esto requiere que se diseñe la infraestructura de tal manera que, siempre que sea posible, se eviten los conflictos entre los ciclistas y otros usuarios más rápidos de la vía pública. Dependiendo de la situación, esto implica la separación de los distintos tipos de tráfico y/o la regulación de la velocidad del tráfico motorizado.

- La educación de todos los usuarios de la vía pública y la aplicación de las leyes de tráfico son los elementos finales de una política de transporte compatible con el uso de la bicicleta.

- Hay que conceder una atención especial a hacer posible que los niños puedan desplazarse en bicicleta de manera independiente.

9.1.4. LLAMAMIENTO A LA ACCIÓN

Nosotros, los participantes de Vélo Mondial 2000, hacemos un llamamiento a los representantes y funcionarios de los gobiernos a todos los niveles, a las industrias relacionadas con el mundo de la bicicleta y a las organizaciones nacionales e internacionales, para que:

- Reconozcan el derecho de todos los sectores de la población, incluidos los niños, a desplazarse en bicicleta.

- Reconozcan el potencial del tráfico en bicicleta a la hora de elaborar políticas y proyectos.

- Pongan las condiciones para que el uso de la bicicleta se vuelva más atractivo.

- Habiliten partidas presupuestarias para la financiación de proyectos que sean compatibles con el uso de la bicicleta.

- Aborden temas de ciclismo.

- Establezcan alianzas estratégicas con las partes implicadas pertinentes.

Pedimos que los gobiernos y las instituciones redacten su correspondiente Plan Director de la Bicicleta (PDB) antes de finales de agosto del año 2003. Estos PDB contendrán objetivos a alcanzar para el año 2010. Estas metas deben ser ambiciosas y realistas; tendrán que ser mensurables y habrá que vigilar su cumplimiento. Además, los PDB deberán:

- Definir las políticas para aumentar el uso de la bicicleta y tomar en cuenta las condiciones señaladas arriba.

- Estimular a las autoridades locales y regionales y a los demás organismos pertinentes.

- Definir los papeles y las responsabilidades de las partes implicadas.

- Proporcionar un apoyo y una financiación para las políticas y los programas.

Los participantes hacemos un llamamiento a las organizaciones internacionales y a los gobiernos para que se cree una plataforma para establecer, a nivel internacional, un sistema de puntos de referencia (benchmarking) y un intercambio de conocimientos sobre el tráfico en bicicleta. Asimismo, pedimos que se declaren claramente los beneficios potenciales del ciclismo cuando se redacten tratados internacionales sobre la calidad de vida, el medio ambiente, la salud pública y la erradicación de la pobreza, tales como los de Kioto o Hábitat II.

Los delegados al Vélo Mondial y las organizaciones que representamos haremos público este llamamiento a la acción y promoveremos su puesta en práctica. Nos comprometemos a contribuir con nuestros conocimientos, nuestra experiencia y nuestras redes para ayudar a garantizar la realización de las reivindicaciones del llamamiento a la acción.

Aseguraremos que nuestras experiencias estén disponibles para formar parte del contenido de los catálogos sobre políticas actuales relativas a la bicicleta y sobre la situación en las vías públicas. En la medida de lo posible, nosotros y las organizaciones que representamos vigilaremos hasta qué punto los planes y las buenas intenciones se plasman en acción y, en última instancia, en un mayor uso de la bicicleta. Se evaluarán los resultados provisionales en la próxima Conferencia Mundial sobre la Bicicleta.

Foto: http://penaciclistaperabena.blogspot.com

9.2. PACTO ANDALUZ POR LA BICICLETA

El pacto está promovido por los cuatro grupos en defensa de la bicicleta de Andalucía (A Contramano de Sevilla, Granada al Pedal, Plataforma Carril-Bici de Córdoba y Ruedas Redondas de Málaga) más Ecologistas en Acción de Andalucía.

9.2.1. LA PROPUESTA.

Las ideas que defienden con este acuerdo son:

- Declaran y defienden la utilidad pública de la bicicleta, tanto para el medio ambiente global como para la salud personal.
- Se comprometen a desarrollar todo tipo de actividades, cada uno en su ámbito de interés y competencia, con el objetivo general de potenciar el

uso de la bicicleta en la comunidad autónoma de Andalucía y, en consecuencia:

- Demandan de las administraciones públicas (estatal, autonómica y local) que elaboren y aprueben medidas legislativas que garanticen la adaptación de las vías públicas de Andalucía al uso de la bicicleta, de modo que todos puedan ejercer con seguridad y comodidad el derecho a circular en bicicleta por nuestra comunidad. Estas medidas deberán incluir: señalización adecuada, normas de diseño de la vía pública que la hagan apropiada a su uso por los ciclistas y, cuando ello sea necesario, la reserva de un espacio exclusivo para la bicicleta (carriles-bici).

- Piden al Ejecutivo Andaluz que contemple la inclusión de Planes Directores de la Bicicleta en los Planes Intermodales de Transporte y en los Planes de Ordenación del Territorio de las grandes áreas Metropolitanas Andaluzas. Estos Planes Directores deberán considerar no sólo la creación de un viario adecuado para la bicicleta, sino también el desarrollo de campañas para su promoción y la creación de infraestructuras para fomentar la intermodalidad entre la bicicleta y el transporte público.

- Solicitan de las administraciones locales (ayuntamientos y diputaciones) que consideren a la bicicleta como un medio de transporte más a la hora de elaborar sus planes locales de movilidad y de ordenación urbana; y a que incluyan el fomento de la bicicleta en sus Agendas 21 locales.

- Requieren al Ejecutivo Andaluz que –de modo similar a como se viene haciendo en otras Comunidades Autónomas- diseñe y ponga en uso una "Red Básica de Vías Ciclistas" de Andalucía, tomando como punto de partida para ello la recuperación de la red de caminos rurales y vías pecuarias, así, como la adecuación al uso ciclista de la red de carreteras comarcales.

- Instan a todas las administraciones públicas a que faciliten el acceso en bicicleta a todas sus instalaciones y edificios públicos, mediante la creación de aparcamientos adecuados para las mismas y otras facilidades.

- Reclaman a la Red Nacional de Ferrocarriles RENFE de Andalucía que facilite el transporte de bicicletas como equipaje en todos sus trenes y que ofrezca facilidades de aparcamiento y consigna de bicicletas en sus terminales.

- Se comprometen a desarrollar iniciativas en todos los ámbitos (local, autonómico y estatal) para que las diferentes administraciones públicas y, en especial, el Parlamento Andaluz y los Plenos Municipales se adhieran formalmente a este pacto, mediante la aprobación de las resoluciones correspondientes.

- Se implicarán a participar activamente en la elaboración y planificación de todas las medidas citadas más arriba que sean asumidas por las administraciones públicas, así como a hacer un seguimiento de las mismas y a contribuir a su éxito mediante la difusión de las mismas y la crítica constructiva.

9.2.2. PROYECTO DE RESOLUCIÓN.

El Parlamento de Andalucía acuerda:

- Adherirse formalmente al "Pacto Andaluz por la Bicicleta" e integrar en su acción de gobierno las recomendaciones recogidas en el mismo.

- Declarar la utilidad pública de la bicicleta como medio de transporte y ocio en Andalucía, por sus múltiples ventajas para el medio ambiente y la salud pública.

- Ratificarse en los contenidos de la Proposición no de Ley "Sobre la Bicicleta como Medio de Transporte" de Junio de 1998.

- Tomar en consideración la necesidad de elaborar y aprobar medidas legislativas que garanticen la adaptación de las vías públicas de Andalucía al tráfico ciclista, de modo que todos y todas podamos ejercer con comodidad y seguridad el derecho a circular en bicicleta por ellas.

Estas medidas deberían incluir: señalización adecuada, normas de diseño de la vía pública que la hagan apropiada a su uso por los ciclistas y, cuando ello sea necesario, la reserva de un espacio exclusivo para los ciclistas (carriles-bici).

- Instar al Ejecutivo Andaluz para que inicie el diseño y puesta en uso de una "Red Básica de Vías Ciclista" de Andalucía, tomando como punto de partida para ello la recuperación de la red de caminos rurales y vías pecuarias, así como la adecuación al uso ciclista de la red de carreteras comarcales.

- Instar al Ejecutivo Andaluz a que contemple la inclusión de Planes Directores de la Bicicleta en los Planes Intermodales de Transporte y en los Planes de Ordenación del Territorio de las grandes Áreas Metropolitanas Andaluzas. Estos Planes Directores deberían considerar no sólo la creación de un viario adecuado para la bicicleta, sino también el desarrollo de campañas para su promoción como medio de transporte y la creación de infraestructuras para fomentar el transporte público.

- Instar al Ejecutivo Andaluz a que considere la posibilidad de dotar a sus instalaciones y edificios públicos de una red de aparcamientos para bicicletas, así como de un fondo de bicicletas públicas para uso de sus funcionarios y ciudadanos en general, e incentive a los funcionarios públicos a utilizar la bicicleta.

- Incluir en los programas educativos escolares elementos de Educación Vial y Ambiental en Bicicleta.

- Instar a las administraciones locales (ayuntamientos y diputaciones) a que desarrollen medidas de fomento del uso de la bicicleta tanto en sus planes de transporte como en sus Planes de Ordenación Urbana y en el desarrollo de las Agendas 21 locales y provinciales.

- Instar a la Red de Ferrocarriles RENFE en Andalucía para que facilite el transporte de bicicletas como equipaje en los trenes de cercanías e interprovinciales, así como a que ofrezca facilidades de aparcamiento y consigna de bicicletas en sus terminales.

- Considerar la creación de una Comisión Especial de la Bicicleta, con presencia de parlamentarios de todos los Grupos, que se reúna habitualmente con representantes de las entidades ciudadanas del mundo de la bicicleta y grupos ecologistas con la finalidad de potenciar y promover su uso.

Instantánea en el mercado municipal de Zaraut (País Vasco)

CAPÍTULO

FICHAS PRÁCTICAS PARA SECUNDARIA

10.1. Fichas prácticas

10.1. FICHAS PRÁCTICAS.

NOMBRE: EDUCACIÓN VIAL 1
EDAD: • A partir de los doce años.
RECURSOS: • Proyector.   • Ordenador.   • Monitor-a.   • Pabellón, pista exterior.   • Folios y bolígrafos   • Bicicletas.   • Miembros de la Policía Local.
LUGAR: • Aula.   • Calles del pueblo o barrio.
ADAPTABILIDAD: • Para personas con deficiencia psíquica.   • Para personas con deficiencia física.
OBJETIVOS: • Reflexionar sobre el concepto de "Educación Vial"   • Conocer la normativa existente en torno a uso de la bicicleta.   • Preparar al alumnado para las sesiones prácticas con bicicletas.   • Elaborar código de buen ciclista.   • Colaborar con la Policía Local en la aplicación la normativa.
DESARROLLO: • Se le presenta, al alumnado, unas sesiones teórico-prácticas sobre la normativa existente en materia de circulación con bicicletas. Así mismo, reflexionaran sobre la idea que tienen de lo que llamamos "Educación Vial".   • Se realizarán actividades, tanto internas, como externas, prácticas para el manejo de la bicicleta y la comprensión de la normativa.   • Llevarán a cabo un código ético de conducta de buen ciclista que elaborarán y consensuarán con el resto de compañeros-as de clase para su utilización.   • Se acordará con los responsables de la Policía Local de la zona o barrio unas jornadas de colaboración para la aplicación de la normativa existente en la utilización de la bicicleta y cómo peatones.   • Se acudirá en bicicleta al centro educativo.

VARIANTES:

COMENTARIOS:

EXPLICACIÓN GRÁFICA DEL JUEGO:

NOMBRE: EDUCACIÓN VIAL 2
EDAD: • A partir de los doce años.
RECURSOS: • Conos, picas y señales de tráfico. • Pista exterior, Pabellón Polideportivo o similar • Monitor-a. • Bicicletas.
LUGAR: • Aula. • Pista Exterior, Pabellón Polideportivo o similar.
ADAPTABILIDAD: • Para personas con deficiencia psíquica. • Para personas con deficiencia física.
OBJETIVOS: • Elaborar un circuito, por grupos, cerrado de bicicletas en el que se incluyan señales visuales, acústicas y semáforos. • Desarrollar el recorrido en bicicleta intentando respetar las señales de tráfico aprendidas, así como la normativa existente.
DESARROLLO: • Se les pedirá que formen grupos homogéneos para que elaboren circuitos de tráfico para bicicletas en el que se combinen las señales de tráfico aprendidas, así como las acústicas y semáforos. • Cada grupo organizará y preparará su circuito para ser llevado por los demás, que en bicicleta tendrán que transitarlo respetando el protocolo existente en cada momento. • El alumnado organizador podrá ejercer como policías y multar las infracciones. • En gran grupo se puede reflexionar sobre las dudas, negligencias y demás asuntos vividos en la práctica del día.

VARIANTES:

- El circuito puede ser la barriada o las calles de la localidad, siempre que la policía nos acompañe y nos sirva de evaluadores.
- Podemos acudir a un parque especializado y preparado para dicho evento.

COMENTARIOS:

EXPLICACIÓN GRÁFICA DEL JUEGO:

NOMBRE: UN DÍA CON LOS AGENTES DE SEGURIDAD
EDAD: • A partir de los doce años.
MATERIAL: • Ordenador. • Proyector. • Folios. • Bolígrafos. • Lápices de colores. • Cartulinas.
LUGAR: • Aula. • El patio. • El gimnasio. • Otro sitio similar.
ADAPTABILIDAD: • Para personas con deficiencia psíquica. • Para personas con deficiencia física. • Para personas con deficiencia auditiva. • Para personas con deficiencia visual.
OBJETIVOS: • Hacer entender la importancia de los agentes de seguridad. • Conocer las señales de los agentes. • Conocer las normas de seguridad vial más importantes. • Concienciar al alumnado hacia el uso de una buena educación vial.
DESARROLLO: • Invitar a los agentes de seguridad a una clase normal diaria. • Que expliquen la importancia que tiene su labor. • Que enseñen las principales señales que utilizan, así como las normas básicas de seguridad vial, tanto para peatones, como para ciclistas. • Llevar a cabo una sesión práctica en el patio, gimnasio u otro lugar adecuado para dicha actividad.

VARIANTES:

- Podemos llevar a cabo algunas señales, como la de STOP, y pintarlas y utilizarlas para ayudar a los agentes a detener los coches a la entrada y salida del alumnado del colegio.
- Intentar contactar con la DGT de la provincia y solicitar el parque móvil para que se desplace a nuestro centro.

COMENTARIOS:

- Esta actividad puede ser la culminación de haber trabajado durante algunas sesiones el tema de la seguridad vial.

EXPLICACIÓN GRÁFICA DEL JUEGO:

NOMBRE: ¿CUÁL ES NUESTRA BICICLETA IDEAL?
EDAD: - A partir de los doce años.
RECURSOS: - Plastilina. - Arcilla. - Palillos de madera. - Pinzas de la ropa. - Pajitas. - Cualquier otro material que creamos que nos pueda servir para construirla y que el alumnado pueda manejar.
LUGAR: - En el aula.
ADAPTABILIDAD: - Para personas con deficiencia psíquica. - Para personas con deficiencia física. - Para personas con deficiencia visual. - Para personas con deficiencia auditiva.
OBJETIVOS: - Desarrollar su identidad y autonomía personal mediante las artes plásticas. - Llevar a cabo un diseño de bicicleta tanto en formato papel, cómo en plastilina, arcilla u otro material que consideren oportuno. - Trabajar la creatividad del alumnado. - Motivar y preparar, al alumnado, para las clases prácticas con bicicletas.
DESARROLLO: - Desarrollarán mediante algún material, acorde con su edad, la bicicleta elaborada previamente en papel. - Una vez elaborada se llevará a cabo una exposición en el centro y cada alumno explicará cómo es su bicicleta y porqué la ha elaborado de esa manera.

VARIANTES:

- Una posible variante sería la construcción de una bicicleta con el reciclado de otras que no estén en uso por parte del alumnado, previo reparto de grupos.
- Otra posibilidad podría ser confeccionar una "Célerifère" con la ayuda de algún padre carpintero y/o con el profesorado del aula de tecnología.

COMENTARIOS:

EXPLICACIÓN GRÁFICA DEL JUEGO:

NOMBRE: UN MURAL SOBRE LA BICICLETA
EDAD: • A partir de los doce años.
RECURSOS: • Internet. • Impresora. • Folios. • Tijeras. • Cartulinas. • Rotuladores. • Pegamento.
LUGAR: • Aula. • Aula de informática.
ADAPTABILIDAD: • Para personas con deficiencia psíquica. • Para personas con deficiencia física. • Para personas con deficiencia visual. • Para personas con deficiencia auditiva.
OBJETIVOS: • Trabajar con las nuevas tecnologías. • Hacer que aprendan mediante el sistema de enseñanza basado en el descubrimiento. • Aprender a trabajar en grupo y de forma cooperativa. • Utilizar elementos didácticos nuevos, como el uso del mural. • Descubran la historia de la bicicleta.
DESARROLLO: • Se les pedirá que elaboren en grupos un mural sobre la historia de la bicicleta. • Para ello dispondrán de Internet y de libros que podrán consultar en la biblioteca escolar o municipal para su elaboración. • Una vez terminados los expondrán en el aula a sus compañeros-as, así como las razones que los han movido a realizarlo de esa manera. • Los murales se colocarán en clase o en el gimnasio.

VARIANTES:

- Elaborar un Power-Point sobre el tema.
- También se puede llevar a cabo un concurso de murales sobre la bicicleta, que podría ser votado por todo el alumnado del centro.
- Pueden elaborar, igualmente, algún dossier sobre noticias relacionadas y que aparezcan en prensa escrita.

COMENTARIOS:

EXPLICACIÓN GRÁFICA DEL JUEGO:

NOMBRE: ELABORAR UNA REDACCIÓN/COMENTARIO DE TEXTO SOBRE LA BICICLETA
EDAD: • A partir de los doce años.
RECURSOS: • Folios. • Bolígrafos. • Traductor de señales de signos.
LUGAR: • Aula.
ADAPTABILIDAD: • Para personas con deficiencia psíquica. • Para personas con deficiencia física. • Para personas con deficiencia visual. • Para personas con deficiencia auditiva.
OBJETIVOS: • Escribir sobre un material, como es la bicicleta, que vamos a utilizar en las clases de educación física. • Trabajar de forma transversal el uso de la escritura y la lectura en las clases de educación física. • Ayudar a la expresión escrita y hablada de nuestro alumnado.
DESARROLLO: • Se le pedirá a nuestro alumnado que elabore una redacción o comentario de texto sobre la bicicleta o sobre su uso. • La redacción puede ser más o menos extensa dependiendo del nivel. • Una vez redactada, la leerán en voz alta al resto de sus compañeros-as. • Las redacciones quedarán expuestas en el aula o gimnasio.

VARIANTES:

COMENTARIOS:

- Podemos establecer un concurso de redacciones o comentarios de texto que serán votadas por el resto del alumnado del centro.

EXPLICACIÓN GRÁFICA DEL JUEGO:

NOMBRE: LAS HISTORIAS DE LOS ABUELOS
EDAD: • A partir de los doce años.
RECURSOS: • Bicicletas antiguas de nuestros abuelos-as/padres-madres. • Abuelos-as • Padres-madres. • Traductor de lenguaje de signos.
LUGAR: • Aula. • El patio. • El gimnasio. • Otro sitio similar.
ADAPTABILIDAD: • Para personas con deficiencia psíquica. • Para personas con deficiencia física. • Para personas con deficiencia visual. • Para personas con deficiencia auditiva.
OBJETIVOS: • Hacer ver al alumnado la importancia que tenía la bicicleta antiguamente. • Comprobar como ha evolucionado la bicicleta de antes con la de ahora. • Escuchar las historias que nos cuentan las personas invitadas. • Integrar a las familias en la educación escolar de sus hijos-as.
DESARROLLO: • Invitar a algún abuelo-a/padre-madre a que pase un día por clase con su antigua bicicleta y cuente al alumnado la importancia que tenía la bicicleta antiguamente como vehículo de transporte. • Al final de la charla se le puede pedir al alumnado que lleve a cabo preguntas o cuestiones que crea convenientes.

VARIANTES:

- Hacer que el alumnado se invente una historia relacionada con la bicicleta.
- Partiendo o no de un cómic continuarlo y terminar la historia referida a la bicicleta.

COMENTARIOS:

- No dejar nada a la improvisación, preparar bien los objetivos que queremos perseguir, el tiempo de intervención, etc.
- También puede estar acompañada la sesión con alguna actividad que nos ayude a completar la clase.

EXPLICACIÓN GRÁFICA DEL JUEGO:

NOMBRE: LA AVENTURA DE VIVIR EN PUEBLO O CIUDAD
EDAD: • A partir de los doce años.
RECURSOS: • Cuaderno. • Bolígrafo. • Un traductor de lenguaje de signos.
LUGAR: • El Barrio o el Pueblo.
ADAPTABILIDAD: • Para personas con deficiencia psíquica. • Para personas con deficiencia física. • Para personas con deficiencia auditiva.
OBJETIVOS: • Comprobar de forma visual y por escrito las diferentes señales de tráfico existentes en nuestro entorno. • Anotar las posibles deficiencias o carencias que encuentran en el entorno, en cuanto a la señalización. • Saber encontrar los diferentes medios de transporte con los que cuenta nuestra ciudad, barrio o pueblo. • Encontrar los posibles peligros existentes a la hora de jugar en la calzada.
DESARROLLO: • Se les pedirá que se organicen por grupos, de forma mixta a poder ser, para que se repartan por zonas y comprueben por si solos las señales, medios de transporte, las carencias y los posibles peligros que ellos encuentran en sus zonas habituales de juegos o de paseo. • Pasado el tiempo para que lo elaboren, lo expondrán en clase y entre todos-as elaboraremos unos mapas conceptuales donde se expondrán este tipo de información para que pueda visualizarse en clase. • También se puede enviar esta información a las autoridades competentes para que las tengan en cuenta a la hora de mejorar la seguridad vial en la zona.

VARIANTES:

- El trayecto lo pueden realizar en bicicleta en horas de clase junto al profesorado.
- Pueden elaborar un vídeo, elaborado por ellos mismos, en el que se pueda constatar la problemática existente.

COMENTARIOS:

- Las personas con problemas físicos, psíquicos, visuales y/o auditivos pueden estar acompañados por sus propios compañeros-as.
- Igualmente para los chicos-as con problemas auditivos se debería disponer de un intérprete de signos para que pudieran entender lo que vamos a realizar.

EXPLICACIÓN GRÁFICA DEL JUEGO:

NOMBRE: EL FUNCIONAMIENTO DE LA BICICLETA
EDAD: - A partir de los doce años.
RECURSOS: - Bicicletas. - Cascos. - Chalecos reflectantes. - Ruedas supletorias, o patines, para mantener el equilibrio de la bicicleta. - Traductor de lenguajes de signos.
LUGAR: - El patio. - El gimnasio. - Otro sitio similar.
ADAPTABILIDAD: - Para personas con deficiencia psíquica. - Para personas con deficiencia física. - Para personas con deficiencia auditiva. - Para personas con deficiencia visual.
OBJETIVOS: - Conocer las partes de las que está compuesta la bicicleta. - Saber las potencialidades y limitaciones que tiene. - Usar la bicicleta y familiarizarse con su uso. - Aprender a manejar la bicicleta.
DESARROLLO: - Se les pedirá que utilicen las bicicletas para venir a clase. - Que las dejen aparcadas en el espacio habilitado para ello. - Se les enseñará a conocer su funcionamiento y manejo, así como a familiarizarse con el uso de ésta. - Se les plantearan distintas actividades que conllevarán una mayor comprensión de este vehículo.

VARIANTES:
• Enseñarles otros usos de las bicicletas para personas con diversidad funcional.

COMENTARIOS:
• Para los que no sepan montar o tengan alguna discapacidad, se podrán utilizar los patines o ruedas supletorias para que mantengan la estabilidad. • El uso de traductores de lenguaje de signos es fundamental si tenemos alguna persona con limitaciones auditivas. • Podemos utilizar al alumnado para que ayude a sus compañeros con menos experiencia o que presenten algún tipo de deficiencia.

EXPLICACIÓN GRÁFICA DEL JUEGO:

NOMBRE: UN TALLER DE BICICLETAS EN EL INSTITUTO
EDAD: • A partir de los doce años.
RECURSOS: • Bicicletas. • Cámaras. • Parches. • Pegamento de parches. • Barreño con agua. • Cable de frenos. • Etc.
LUGAR: • El patio. • El gimnasio. • Otro sitio similar.
ADAPTABILIDAD: • Para personas con deficiencia psíquica. • Para personas con deficiencia física. • Para personas con deficiencia visual. • Para personas con deficiencia auditiva.
OBJETIVOS: • Saber reparar cosas básicas de la bicicleta. • Tener autonomía personal. • Aprender el manejo y cambio de elementos de la bicicleta.
DESARROLLO: • Se les enseñará a reparar un pinchazo y a cambiar el cableado de los frenos, entre otras cosas. • Primeramente se les enseñará como hacerlo de forma visual y más tarde lo realizarán de forma autónoma.

VARIANTES:

- Dependiendo de la edad podemos establecer distintos tipos de contenidos y grados de complejidad.

COMENTARIOS:

- Hay que dejarles tener creatividad y ganas por innovar.
- A las personas con alguna deficiencia se les ayudará solamente en lo estrictamente necesario. Hay que buscar su plena autonomía personal.

EXPLICACIÓN GRÁFICA DEL JUEGO:

NOMBRE: MOVIMIENTOS SIMPLES CON LA BICICLETA
EDAD: - A partir de los doce años.
RECURSOS: - Bicicletas. - Cascos. - Chalecos antirreflectantes. - Ruedas supletorias o patines. - Conos. - Líneas rectas y/o curvas pintadas en el suelo. - Traductor de lenguaje de signos.
LUGAR: - El patio. - El gimnasio. - Otro sitio similar.
ADAPTABILIDAD: - Para personas con deficiencia psíquica. - Para personas con deficiencia física. - Para personas con deficiencia visual. - Para personas con deficiencia auditiva.
OBJETIVOS: - Aprender a realizar movimientos simples con la bicicleta. - Saber guardar el equilibrio con la bicicleta. - Desarrollar actitudes viales adecuadas con la bicicleta. - Respetar las señales de seguridad vial.
DESARROLLO: - Se les propondrá usar la bicicleta en línea recta o curva, dependiendo del circuito que les marquemos. - Los agruparemos en fila para que guarden la distancia de seguridad necesaria. - Los agruparemos en grupos para que aprendan a saber adelantar, llegado el caso. - Harán giros, conducirán con una mano y llevando un objeto, zig-zag en conos y un largo etc.

VARIANTES:

- Se les puede montar un circuito con todo tipo de señales visuales o acústicas para que los grupos aprendan a familiarizarse con ellas y a saber interpretarlas.
- La utilización de conos para realizar movimientos a derecha e izquierda mediante el zig-zag.
- Utilizando la técnica del zig-zag y los conos realizaremos diversos movimientos con los conos en hilera o paralelos.

COMENTARIOS:

- Utilizaremos al propio alumnado para que nos ayude con los compañeros-as que precisen de algún tipo de atención especial.
- Igualmente, si es necesario, dispondremos de monitores-as para dicho proceso.

EXPLICACIÓN GRÁFICA DEL JUEGO:

NOMBRE: EQUILIBRIO ENTRE RUEDAS
EDAD: - A partir de los doce años.
MATERIAL: - Bicicletas. - Protecciones. - Ruedas supletorias o patines. - Botes de agua. - Mesas
LUGAR: - El patio. - El gimnasio. - Otro sitio similar.
ADAPTABILIDAD: - Para personas con deficiencia psíquica. - Para personas con deficiencia física. - Para personas con deficiencia visual. - Para personas con deficiencia auditiva.
OBJETIVOS: - Desarrollar el equilibrio montados en bicicleta. - Desarrollar la precisión y la habilidad.
DESARROLLO: - El alumnado pasará, montado en bicicleta y sin pararse, al lado de una mesa donde se encontrará un bote de agua que tendrán que coger con su mano derecha. Se lo pasarán a la mano izquierda, mientras van pedaleando, y lo volverán a soltar sobre su base en otra mesa, colocada unos metros más adelante, pero con el brazo izquierdo. - Se puede anotar el tiempo, para ver quien lo realiza en menos segundos, o por el contrario dar puntos al que lo consiga.

VARIANTES:

- Pueden existir muchas variantes al respecto. Una puede ser de forma cooperativa y en la que sus compañeros tienen que pasarle la botella conforme va en carrera, para después devolverlo el mismo que lo ha cogido.
- Colocar distintos objetos de formas muy distintas.
- Igualmente se podrán coger distintos objetos pasando por debajo de algún obstáculo y dificultando aun más el ejercicio.

COMENTARIOS:

- Hay que tener cuidado con las caídas.
- Para las personas con problemas visuales, un compañero puede guiarle con su voz.
- Para las personas con problemas auditivos es importante contar con un traductor de lenguajes de signos.
- Para las personas con problemas físicos es necesario adaptar la bicicleta y la prueba acorde con sus propias posibilidades.

EXPLICACIÓN GRÁFICA DEL JUEGO:

NOMBRE: EL PASO DE LA TABLILLA
EDAD: • A partir de los doce años.
MATERIAL: • Bicicletas.   • Protecciones.   • Tablilla basculante.
LUGAR: • El patio.   • El gimnasio.   • Otro sitio similar.
ADAPTABILIDAD: • Para personas con deficiencia psíquica.   • Para personas con deficiencia física.   • Para personas con deficiencia auditiva.   • Para personas con deficiencia visual.
OBJETIVOS: • Desarrollar el equilibrio montados en bicicleta.   • Desarrollar la habilidad montados en bicicleta.   • Conseguir seguridad en el alumnado.
DESARROLLO: • Colocaremos una tablilla basculante de unos 23 cm., de ancho, aproximadamente, en un determinado lugar del patio.   • El alumnado tendrá que ir pasando por ella intentando guardar el equilibrio y cogiendo seguridad a la hora del descenso para salir airosos del obstáculo.

VARIANTES:

- Podemos utilizar algún tipo de rampa de poca pendiente para llevar a cabos saltos.
- Igualmente podemos utilizar rampas basculantes más estrechas para dificultar aún más el ejercicio.

COMENTARIOS:

- No estaría de más colocar a algún monitor/maestro en la rampa para evitar caídas.
- Para las personas con dificultades físicas habría que adaptar el ejercicio a sus características.
- Para las personas con dificultades auditivas sería necesario un traductor de lenguaje de signos.
- Para las personas con dificultades visuales sería necesario que alguien lo acompañara sujetándole la bicicleta y de esa manera pudiera comprobar la sensación que produce el subir y bajar el obstáculo.

EXPLICACIÓN GRÁFICA DEL JUEGO:

NOMBRE: EL ÚLTIMO EN LLEGAR GANA	

EDAD:

- A partir de los doce años.

RECURSOS:

- Bicicletas.
- Protecciones.
- Traductor de lenguaje de signos.

LUGAR:

- El patio.
- El gimnasio.
- Otro sitio similar.

ADAPTABILIDAD:

- Para personas con deficiencia psíquica.
- Para personas con deficiencia física.
- Para personas con deficiencia auditiva.
- Para personas con deficiencia visual.

OBJETIVOS:

- Desarrollar el equilibrio montados en bicicleta.
- Enseñar mediante el juego.
- Desarrollar la habilidad y la agilidad sobre la bicicleta.

DESARROLLO:

- Se dispondrá al alumnado en hilera, separados unos de otros lo suficiente para que si uno se cae no arrastre al resto.
- A la señal tendrán que avanzar hacia delante lo más lentamente que puedan.
- Hay que intentar llegar el último a la meta.
- El alumno-a que caiga o toque el suelo con el pie abandona inmediatamente la carrera.

VARIANTES:

COMENTARIOS:
• Al alumnado que presente algún tipo de diversidad funcional habrá que ponerle los medios adecuados para que puedan desarrollarlo sin ningún tipo de riesgo.

EXPLICACIÓN GRÁFICA DEL JUEGO:

NOMBRE: CARRERA DE BICICLETAS SIN CADENA
EDAD: - A partir de los doce años.
RECURSOS: - Bicicletas sin cadena. - Protecciones. - Una rampa. - Traductor de lenguaje de signos.
LUGAR: - El patio. - El gimnasio. - Otro sitio similar.
ADAPTABILIDAD: - Para personas con deficiencia psíquica. - Para personas con deficiencia física. - Para personas con deficiencia visual. - Para personas con deficiencia auditiva.
OBJETIVOS: - Desarrollar el equilibrio sobre la bicicleta. - Desarrollar la agilidad y la habilidad sobre la bicicleta. - Potenciar el afán de superación personal.
DESARROLLO: - Colocaremos al alumno-a en la parte alta de la rampa y lo dejaremos deslizarse con la bicicleta. - El alumno-a tendrá que recorrer un camino, establecido previamente, con la única fuerza de impulsión al bajar la rampa y su propio movimiento del cuerpo con la bicicleta. - Intentarán llegar lo más lejos posible.

VARIANTES:

- Se puede establecer un juego en el que sin mover los pedales guardemos el equilibrio sobre la bicicleta durante el mayor tiempo posible.

COMENTARIOS:

- Hay que tener en cuenta que nadie se cruce en el camino del corredor.
- En el momento que toque el suelo, habrá terminado su recorrido. Dicho trayecto se puede señalar con una tiza en el suelo.

EXPLICACIÓN GRÁFICA DEL JUEGO:

NOMBRE: EL TRANSPORTE DEL AGUA
EDAD: - A partir de los seis años.
RECURSOS: - Bicicletas. - Protecciones. - Barreños. - Botellas grandes. - Vasos de plástico. - Embudos. - Traductor de lenguaje de signos.
LUGAR: - El patio. - El gimnasio. - Otro sitio similar.
ADAPTABILIDAD: - Para personas con deficiencia psíquica. - Para personas con deficiencia física. - Para personas con deficiencia auditiva. - Para personas con deficiencia visual.
OBJETIVOS: - Desarrollar el equilibrio montados en bicicleta. - Desarrollar la habilidad y agilidad en bicicleta. - Enseñar mediante juegos cooperativos.
DESARROLLO: - Estableceremos varios equipos. - Cada equipo partirá de una zona en la que tendrán una mesa con un barreño lleno de agua. Llenarán un vaso de agua y pedalearán hasta otra zona que se encontrará en línea recta a unos 10 metros. - Al llegar tendrán que derramar el agua en una botella. - Volverán y darán paso a otro compañero-a que realizará la misma operación. - Pasado un minuto se señalará el final y se comprobará que equipo ha conseguido llenar más la botella.

VARIANTES:

COMENTARIOS:

- Al alumnado que presente algún tipo de dificultad hay que poner los medios para que puedan desarrollarlo sin ningún tipo de riesgo.

EXPLICACIÓN GRÁFICA DEL JUEGO:

NOMBRE: GIMKANA CICLISTA
EDAD: • A partir de los doce años.
RECURSOS: • Bicicletas. • Protecciones. • Rampa basculante. • Conos. • Botes de agua. • Mesas. • Colchonetas. • Traductor de lenguaje de signos.
LUGAR: • El patio. • El gimnasio. • Otro sitio similar.
ADAPTABILIDAD: • Para personas con deficiencia psíquica. • Para personas con deficiencia física. • Para personas con deficiencia auditiva. • Para personas con deficiencia visual.
OBJETIVOS: • Desarrollar una actividad lúdica para algún día especial en el calendario escolar. • Educar mediante actividades cooperativas e integradoras. • Desarrollar la habilidad y la agilidad.
DESARROLLO: • El alumnado se agrupará por grupos heterogéneos y con petos de colores. • Desarrollaremos una gymkhana por el colegio montados en bicicleta. • Todos y todas tienen que ir juntos a cada estación o prueba. • Se les entregará un mapa de pruebas por donde tienen que pasar y hacer que les firmen algún profesor que estará en dichas estaciones. • Tendrán que responder a preguntas sobre educación vial o historia de la bicicleta. • También tendrán las siguientes pruebas: Pasar la rampa basculante, zig-zag con conos, transportar una colchoneta entre los cuatro que conforman el grupo, pasar un paso estrecho, coger unos objetos con una mano y colocarlos con la otra en otro lugar, mantener el equilibrio sin pedalear durante 30 segundos, etc.

VARIANTES:

- Se pueden establecer todas las actividades que creamos más convenientes y adaptadas al grupo que vaya a intervenir.

COMENTARIOS:

- Al alumnado que presente algún tipo de dificultad hay que poner los medios para que puedan desarrollarlo sin ningún tipo de riesgo.

EXPLICACIÓN GRÁFICA DEL JUEGO:

NOMBRE: EL DÍA DE LA BICICLETA
EDAD: - A partir de los doce años.
RECURSOS: - Bicicletas. - Protecciones. - Traductor de lenguaje de signos.
LUGAR: - El Colegio. - El pueblo o barrio. - Otro sitio similar.
ADAPTABILIDAD: - Para personas con deficiencia psíquica. - Para personas con deficiencia física. - Para personas con deficiencia auditiva. - Para personas con deficiencia visual.
OBJETIVOS: - Desarrollar una actividad lúdica para algún día especial en el calendario escolar. - Educar mediante actividades cooperativas e integradoras.
DESARROLLO: - Esta es una actividad que habrá tenido que ser preparada con meses de antelación. - Se establecerá un recorrido por el centro, pueblo o barrio, contando con los permisos oportunos, personal necesario y autoridad competente en materia de seguridad. - Para participar en el día de la bicicleta, el alumnado habrá tenido que inscribirse y recoger un número de participación que quedará sujeto a su bicicleta. - Se realizarán unas cuantas de vueltas al circuito señalizado y se terminará con una gran fiesta en la que se sortearán diversos premios que se corresponderán con los números de inscripción del alumnado.

VARIANTES:

- Se pueden establecer premios al mejor disfraz o a la bicicleta más moderna o antigua.

COMENTARIOS:

- Sería importante contar con la participación de todos los agentes de la comunidad educativa, como padres-madres, abuelos-as, asociaciones locales, peñas ciclistas, etc.
- Igualmente es importante que se establezca un concurso para el diseño del cartel anunciador del día de la bicicleta en el centro a cargo del alumnado.

EXPLICACIÓN GRÁFICA DEL JUEGO:

NOMBRE: ENHEBRAR LA ANILLA
EDAD: - A partir de los doce años.
RECURSOS: - Bicicletas. - Protecciones. - Cuerda, anillas y cinta de colores. - Traductor de lenguaje de signos.
LUGAR: - El Colegio. - El pueblo o barrio. - Otro sitio similar.
ADAPTABILIDAD: - Para personas con deficiencia psíquica. - Para personas con deficiencia física. - Para personas con deficiencia auditiva. - Para personas con deficiencia visual.
OBJETIVOS: - Desarrollar una prueba de equilibrio, agilidad y habilidad. - Educar mediante actividades innovadoras, cooperativas e integradoras.
DESARROLLO: - Utilizando el espacio disponible colocaremos una cuerda de lado a lado, a una altura a la que puedan llegar con comodidad montados en bicicleta, en la que enrollaremos anillas con una cinta cosida en ellas. - Por parejas o de manera individual, según consideremos oportuno, realizarán una salida con un puntero, bolígrafo o similar y tendrán que enhebrar la anilla. El que más anilla consiga será el ganador.

VARIANTES:

COMENTARIOS:

EXPLICACIÓN GRÁFICA DEL JUEGO:

NOMBRE: CARRERA DE RELEVOS EN BICICLETA
EDAD: - A partir de los doce años.
RECURSOS: - Bicicletas. - Protecciones. - Conos, picas, etc.
LUGAR: - El Colegio. - Otro sitio similar.
ADAPTABILIDAD: - Para personas con deficiencia psíquica. - Para personas con deficiencia física. - Para personas con deficiencia auditiva. - Para personas con deficiencia visual.
OBJETIVOS: - Desarrollar una prueba de relevos entre los equipos de clase. - Educar mediante actividades innovadoras, cooperativas e integradoras.
DESARROLLO: - Utilizando como medio la bicicleta, realizaremos una carrera de relevos por un circuito o camino prestablecido de antemano por el profesor o por el grupo clase. - El relevo o el testigo será la bicicleta.

VARIANTES:

- El relevo puede ser un vaso de agua que hay que llevar y al final no es el que termine primero sino el que más agua tenga en el vaso.

COMENTARIOS:

- Hay que estar atentos a adaptar el juego por si hubiera o hubiese alumnado con algún tipo de diversidad funcional.

EXPLICACIÓN GRÁFICA DEL JUEGO:

NOMBRE: MONTAJE DE CIRCUITOS
EDAD: - A partir de los doce años.
RECURSOS: - Bicicletas.   - Protecciones.   - Conos.   - Y todos aquellos elementos que consideremos oportunos.
LUGAR: - El patio.   - El gimnasio.   - Otro sitio similar.
ADAPTABILIDAD: - Para personas con deficiencia psíquica.   - Para personas con deficiencia física.   - Para personas con deficiencia auditiva.   - Para personas con deficiencia visual.
OBJETIVOS: - Desarrollar una actividad deportiva y formativa aplicando los conocimientos adquiridos en educación vial por parte del alumnado.   - Educar mediante actividades cooperativas e integradoras.   - Desarrollar la habilidad y la agilidad.
DESARROLLO: - Diseñaremos un circuito para el manejo de la bicicleta en el que deberemos realizar ejercicios que ya hayamos practicado anteriormente y en donde se puedan aplicar los conocimientos adquiridos en Educación Vial durante el curso académico.   - Se habilitará un lugar para la colocación del jurado que evaluará dicho recorrido y que puntuará, o no, los fallos o aciertos obtenidos.   - El alumnado saldrá cada cierto tiempo a la señal del profesor desarrollando todo el camino prestablecido y que deberán tener claro, para lo cual habrá que explicarlo previamente.

VARIANTES:

- Se pueden incluir algún tipo de pruebas ya realizadas en otras unidades didácticas.
- Podemos establecer una prueba de relevos.

COMENTARIOS:

- Al alumnado que presente algún tipo de dificultad hay que poner los medios para que puedan desarrollarlo sin ningún tipo de riesgo.

EXPLICACIÓN GRÁFICA DEL JUEGO:

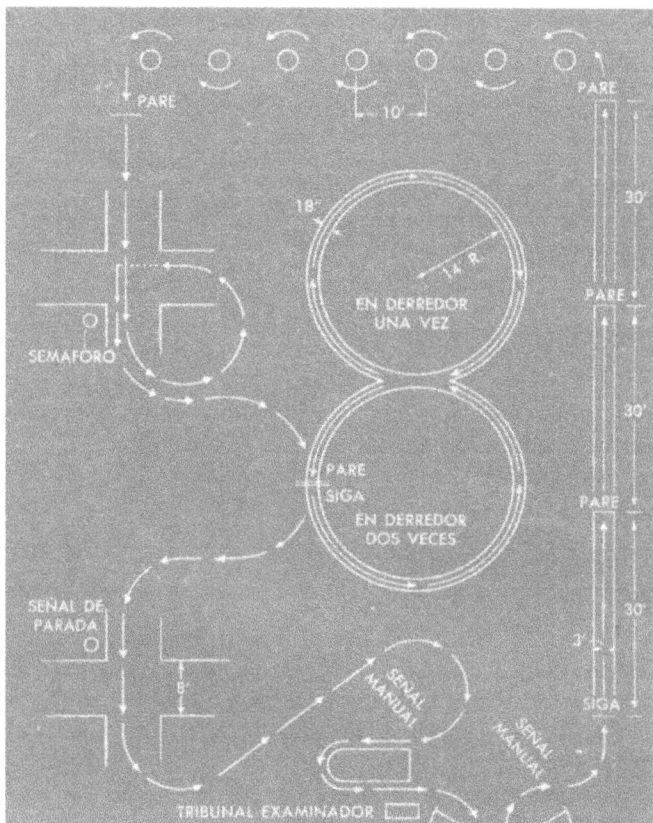

NOMBRE: EJERCICIOS DE HABILIDAD 1
EDAD: • A partir de los doce años.
RECURSOS: • Bicicletas. • Protecciones. • Conos, picas, etc. • Otros.
LUGAR: • El Colegio. • Otro sitio similar.
ADAPTABILIDAD:
OBJETIVOS: • Llevar a cabo ejercicios de habilidad y/o destreza con la bicicleta. • Educar mediante actividades innovadoras y motivadoras.

DESARROLLO:
 	
• Utilizando como medio la bicicleta, realizaremos una serie de habilidades con ella cómo por ejemplo:
    - Mantenerse en la bicicleta sin pedalear el mayor tiempo posible.
    - Elevarse sobre la rueda trasera, para luego avanzar pedaleando sobre ella.
    - Pedalear con una mano, sin manos.
    - Pedalear e intentar levantar toda la bicicleta al mismo tiempo.
    - Pedalear y frenar sobre la rueda delantera bloqueándola y haciendo girar la parte trasera.
    - Subir y bajar escalones.
    - Subirse en la bicicleta tras una carrera previa con ella.
    - Igual anterior, pero sentarse de lado.
    - Saltar sobre una rampa.

VARIANTES:

COMENTARIOS:

- Hay que estar atentos a posibles caídas, por esto es importante hacerles llevar las protecciones y explicar muy bien lo que se espera y cómo se debe realizar el ejercicio.

EXPLICACIÓN GRÁFICA DEL JUEGO:

NOMBRE: EJERCICIOS DE HABILIDAD 2

EDAD:

- A partir de los catorce años.

RECURSOS:

- Bicicletas.
- Protecciones.
- Conos, picas, etc.
- Otros.

LUGAR:

- El Colegio.
- Otro sitio similar.

ADAPTABILIDAD:

OBJETIVOS:

- Llevar a cabo ejercicios de habilidad y/o destreza con la bicicleta.
- Educar mediante actividades innovadoras y motivadoras.

DESARROLLO:

- Utilizando como medio la bicicleta, realizaremos una serie de habilidades con ella cómo por ejemplo:
    - Realizar distintos tipos de frenada:
        - Venir en carrera y frenar lo más cerca de una línea pintada en el suelo.
        - Venir en carrera y derrapar, haciendo frenar la bicicleta, para quedar dentro de dos líneas pintadas en el suelo.
        - Venir en carrera y frenar sobre la rueda delantera para hacer que suba la trasera.
    - Llevar que la bicicleta derrape, viniendo en carrera, para seguidamente continuar la marcha.
    - Viniendo en carrera, dejar de darle a los pedales, y colocar los pies sobre la barra de la bicicleta.
    - Igual anterior, pero colocarse en horizontal sobre la bici.
    - Igual anterior, pero colocar los pies sobre el manillar.
    - Igual anterior, pero colocarse en los tubos supletorios colocados en la rueda trasera.
    - Llevar a un compañero subido de pie y sujeto por las manos a nosotros y en los tubos supletorios colocados en la rueda trasera

VARIANTES:

COMENTARIOS:
• Hay que estar atentos a posibles caídas, por esto es importante hacerles llevar las protecciones y explicar muy bien lo que se espera y cómo se debe realizar el ejercicio.

EXPLICACIÓN GRÁFICA DEL JUEGO:

NOMBRE: CIRCUITO EN LA NATURALEZA	

EDAD:

- A partir de los catorce años.

RECURSOS:

- Bicicletas.
- Protecciones.
- Conos, picas, etc.
- Otros.

LUGAR:

- Zona natural.
- Otro sitio similar.

ADAPTABILIDAD:

OBJETIVOS:

- Llevar a cabo ejercicios de habilidad y/o destreza con la bicicleta.
- Educar mediante actividades innovadoras y motivadoras en la naturaleza.

DESARROLLO:

- Utilizando como medio la bicicleta, realizaremos una prueba de fuerza y habilidad en el medio natural:
    - Marcaremos un recorrido en una zona natural con diversos desniveles, a poder ser.
    - Durante el trayecto habrá que realizar distintas travesías con la bicicleta, para ello habrá que acordonar la zona, señalizarla e indicar lo que hay que hacer en cada tramo.
    - Habrá que colocar árbitros que estén pendientes de ello, estos pueden ser alumnado que estén esperando a participar en una segunda ronda.
    - Las pruebas pueden ser:
        o Salir en carrera con la bicicleta y a la señal montarse en ella.
        o Llevar la bicicleta a hombros mientras corremos.
        o Sortear un recorrido con distintas situaciones: baches, subidas, bajadas, sortear obstáculos, etc.

VARIANTES:

COMENTARIOS:

- Hay que estar atentos a posibles caídas, por esto es importante hacerles llevar las protecciones y explicar muy bien lo que se espera y cómo se deben realizar la prueba.
- El botiquín tiene que estar presente más que nunca.
- Los compañeros árbitros anotarán el incumplimiento de la normas en cada tramo.
- Se contará el tiempo realizado y se penalizará con tiempo los fallos cometidos.

EXPLICACIÓN GRÁFICA DEL JUEGO:

NOMBRE: LANZAMIENTOS (JUEGO)
EDAD: - A partir de los catorce años.
RECURSOS: - Bicicletas. - Protecciones. - Pelotas de fútbol. - Conos, picas, etc. - Otros.
LUGAR: - Colegio. - Otro sitio similar.
ADAPTABILIDAD:
OBJETIVOS: - Llevar a cabo ejercicios de habilidad y/o destreza con la bicicleta. - Educar mediante juegos innovadores y motivadores.
DESARROLLO: - Utilizando, como medio, la bicicleta realizaremos un juego consistente en hacer lanzamientos a puerta, tras un derrapaje con la rueda trasera, intentando materializar en gol el golpeo hacia una portería vacía.

VARIANTES:

- Intentar tirar conos.

COMENTARIOS:

- Señalar bien el espacio donde realizar el derrapado.

EXPLICACIÓN GRÁFICA DEL JUEGO:

NOMBRE: POLICIAS Y LADRONES (JUEGO)	
EDAD:	
• A partir de los catorce años.	
RECURSOS:	
• Bicicletas. • Protecciones. • Conos, picas, colchonetas, etc. • Otros.	
LUGAR:	
• Pista de colegio. • Otro sitio similar.	
ADAPTABILIDAD:	
OBJETIVOS:	
• Llevar a cabo ejercicios de habilidad y/o destreza con la bicicleta. • Educar mediante actividades innovadoras, cooperativas y motivadoras.	
DESARROLLO:	
• Por grupos o por parejas y tras explicar y delimitar el circuito por el que se pueden desplazar, llevaremos a cabo el juego del comecocos. • Tres o más jugadores se desplazan por el circuito, mientras el otro grupo tiene que acorralar uno a uno o a varios en un camino. • El juego termina cuando todos han sido acorralados. • Los que son acorralados deben de ir a una zona delimitada para ellos.	

VARIANTES:

- Se pueden introducir variantes como por ejemplo:
    - Pasado un tiempo, el profesor puede pitar con su silbato y hacer cambiar los papeles.
    - Hacer que al pasar por el centro del circuito pueden acorralar y sumar puntos los que eran acorralados durante 30 segundos.
    - Pasar por un determinado lugar y poder salvar a los pillados.

COMENTARIOS:

- Hay que tener cuidado a los encontronazos y otros golpes.
- Hacerles ver que de lo que se trata es de pasárselo bien.

EXPLICACIÓN GRÁFICA DEL JUEGO:

CIRCUITO

● Policías

 Ladrones

NOMBRE: BICIHOKEY (JUEGO)
EDAD: • A partir de los catorce años.
RECURSOS: • Bicicletas. • Protecciones. • Palos de hockey • Pelotas pequeñas (tenis o un poco más grandes) • Conos, picas, etc. • Otros.
LUGAR: • Pista de colegio. • Otro sitio similar.
ADAPTABILIDAD:
OBJETIVOS: • Llevar a cabo ejercicios de habilidad y/o destreza con la bicicleta. • Educar mediante actividades innovadoras, cooperativas y motivadoras.
DESARROLLO: • Por equipos, llevaremos a cabo un partido de Hockey con bicicletas. • Las normas es llevar la pelota al campo contrario en bicicleta pasándose la pelota e intentar conseguir gol en la portería contraria. • La normativa podemos consensuarla con el grupo para evitar posibles malentendidos.

VARIANTES:

- Se pueden introducir variantes como por ejemplo:
    - Para materializar un gol hay que dar 5 pases.
    - El jugador que tiene la pelota no puede ser atacado en su medio campo.
    - Introducir portero o no.
    - Solo se puede tirar a puerta desde fuera del área.

COMENTARIOS:

- Hay que tener cuidado a los encontronazos y otros golpes.
- Hacerles ver que de lo que se trata es de pasárselo bien.

EXPLICACIÓN GRÁFICA DEL JUEGO:

NOMBRE: BALONCESTO-BICI
EDAD: • A partir de los doce años.
RECURSOS: • Bicicletas. • Balón de baloncesto y canastas sin tablero. • Protecciones. • Traductor de lenguaje de signos.
LUGAR: • El Colegio. • El pueblo o barrio. • Otro sitio similar.
ADAPTABILIDAD: • Para personas con deficiencia psíquica. • Para personas con deficiencia física. • Para personas con deficiencia auditiva. • Para personas con deficiencia visual.
OBJETIVOS: • Desarrollar un partido de baloncesto alternativo en bicicleta. • Educar mediante actividades innovadoras, cooperativas e integradoras.
DESARROLLO: • Utilizando la pista de fútbol sala y unas canastas sin tablero llevaremos a cabo un partido de baloncesto en bicicleta entre dos equipos. • Hay que establecer algunas normas en cuanto a no dar empujones, tiempo de permanecer con la pelota en la mano, número de pases antes de canasta, etc.

VARIANTES:

- Se pueden establecer algunos ciclistas fijos para hacer pases.

COMENTARIOS:

EXPLICACIÓN GRÁFICA DEL JUEGO:

NOMBRE: FÚTBOL-BICI

EDAD:

- A partir de los doce años.

RECURSOS:

- Bicicletas.
- Balón de fútbol.
- Protecciones.
- Traductor de lenguaje de signos.

LUGAR:

- El Colegio.
- El pueblo o barrio.
- Otro sitio similar.

ADAPTABILIDAD:

- Para personas con deficiencia psíquica.
- Para personas con deficiencia física.
- Para personas con deficiencia auditiva.
- Para personas con deficiencia visual.

OBJETIVOS:

- Desarrollar un partido de fútbol alternativo en bicicleta.
- Educar mediante actividades innovadoras, cooperativas e integradoras.

DESARROLLO:

- Utilizando la pista de fútbol sala y las porterías llevaremos a cabo un partido de fútbol en bicicleta entre dos equipos.
- Hay que establecer algunas normas en cuanto a no dar empujones, tiempo de permanecer con la pelota en el pie, etc.
- El área de meta no se puede invadir y hay que tirar fuera de ella. Jugamos sin porteros.

VARIANTES:

- Se pueden establecer algunos ciclistas fijos para hacer de porteros.

COMENTARIOS:

EXPLICACIÓN GRÁFICA DEL JUEGO:

CAPÍTULO

LA METODOLOGÍA

11.1. Metodología de trabajo.

11.1. METODOLOGÍA DE TRABAJO

Dentro de este apartado se ofrece un acercamiento o aproximación a una de las muchas o diversas formas en las que se podía presentar atendiendo a la gran variedad de perspectivas que se ofrece dentro de los variados modelos pedagógicos que podemos encontrar. Entre ellas y siguiendo las corrientes pedagógicas podemos diferenciar, desde el punto de vista organizativo:

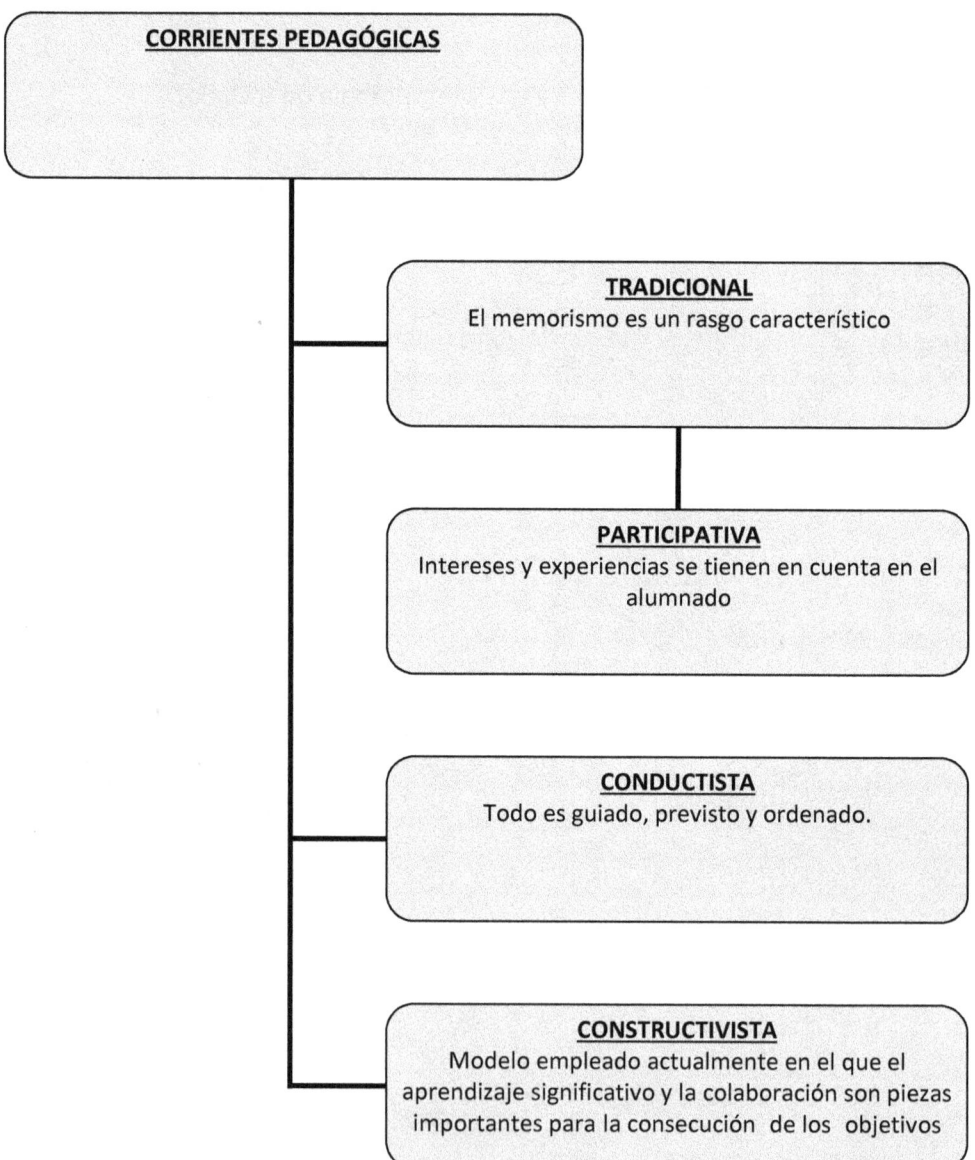

Por tanto, nuestra propuesta metodología a sugerir y a aplicar será la constructivista por programas. La organización del trabajo se realizará a través de programas de intervención en los que se deben establecer, desarrollar y evaluar las actuaciones que se deriven de cada una de las áreas de trabajo.

Los programas especificarán el ámbito/área en el que se insertan y su justificación, las características de los destinatarios y su contexto. Igualmente indicarán los objetivos, actividades, metodologías, temporalización y procedimientos de evaluación. La aplicación de estos corresponderá al Equipo en su conjunto, atendiendo al perfil y experiencia profesional de cada miembro. Igualmente contribuirán a la atención de las necesidades reales del alumnado y/o del profesorado, y continuarán el desarrollo de programas diseñados en cursos anteriores para periodos de media o larga duración.

Algunos principios pedagógicos actualizados serán:

1. Enseñanza activa y participativa.
2. Desarrollo de las competencias a través de la acción y la reflexión en la práctica.
3. Elaboración de conclusiones personales sobre los contenidos de enseñanza trabajados.
4. Aprendizajes significativos.
5. Motivación y autoestima: aceptación de las propias posibilidades y limitaciones.
6. Trabajo en grupos cooperativos.
7. Interacciones profesor-alumno.
8. Gradualidad y progresión de los contenidos.
9. Personalización
10. Ambiente de trabajo eficaz y afectivo: repuestas consideradas no como errores, sino como etapas de aproximación progresiva a la formación del conocimiento.
11. Diversidad como fuente de enriquecimiento.

En cuanto a la dinámica de grupos, las técnicas que podemos aplicar, destacar que las actividades pueden ser de evaluación inicial, de presentación y motivación, de desarrollo, de refuerzo y ampliación, y de evaluación. En general, deben caracterizarse por los siguientes aspectos:

1. Claridad, es decir, el alumnado tiene que saber qué hacer y cómo hacerlo.
2. Gradación, de manera que presenten diferentes niveles de dificultad y se adapten a los ritmos individuales de aprendizaje.
3. Variedad, para evitar el cansancio y la sensación de monotonía.
4. Suficiencia y equilibrio, atendiendo a las necesidades individuales.
5. Los recursos materiales, bibliográficos, nuevas tecnologías.

Arte y bicicletas unidas de la "mano" (Mercado municipal de Zarauts 2011)

CAPÍTULO

LA EVALUACIÓN

12.1. El proceso evaluativo.

12.1. EL PROCESO EVALUATIVO.

La evaluación se define como una actividad básicamente investigadora y valorativa, y por ello, facilitadora de cambio educativo y desarrollo profesional docente. De acuerdo al artículo 140 de la Ley Orgánica 2/2006, de 3 de mayo de Educación, la evaluación tendrá como finalidades:

a) Contribuir a la mejora y a la equidad de la educación.

b) Orientar las políticas educativas.

c) Aumentar la transparencia y eficacia del sistema del sistema educativo.

d) Ofrecer información sobre el grado de consecución de los objetivos previstos, así como de los compromisos educativos contraídos.

La evaluación constituye el elemento clave para orientar las decisiones curriculares, definir los problemas educativos, acometer actuaciones concretas, emprender procesos de investigación didáctica, generar dinámicas de formación permanente del profesorado y, en definitiva, regular el proceso de adaptación y contextualización del currículo en cada comunidad educativa.

Según Santos Guerra (1993), la evaluación debe tener un carácter:

- **Formativo,** ya que proporciona información relevante y válida que ayuda a mejorar tanto los procesos de enseñanza como los de aprendizaje.

- **Continuo,** puesto que se realiza de forma continuada a lo largo de todo el proceso, sin quedar limitada a actuaciones puntuales. Por ello, se pueden diferenciar tres momentos evaluativos: inicial, para conocer los conocimientos previos del alumnado; de proceso, para valorar el trabajo del alumnado y el grado en que va alcanzado los objetivos previstos; y final, para reflexionar sobre los resultados finales del proceso de aprendizaje.

- **Integrador,** es decir, referida al conjunto de capacidades expresadas en los objetivos generales de cada nivel, etapa o curso, y concretada en los criterios de evaluación y promoción de cada una de las áreas.

Considerando que la evaluación es una parte integrante del proceso educativo, con una función de diagnóstico, orientadora y de control de calidad de todas las acciones emprendidas en nuestra labor docente, hemos de recabar información de todos aquellos agentes educativos implicados en el proceso de enseñanza-aprendizaje, con el objetivo de tomar las decisiones pertinentes que puedan influir en la mejora del propio proceso y de sus resultados.

La evaluación es pieza clave, hoy en día, en cualquier materia siendo los pilares básicos de un sistema de enseñanza estructurado los de Aprender a conocer o a comprender la realidad, aprender a hacer, aprender a vivir juntos y aprender a ser como un proceso global de desarrollo integral del ser humano (Díaz-Aguado. 2006:158-159; Urra. 2006: 167-173), así mismo el R.D. 1631/2006, de 29 de diciembre, por el que se establecen las enseñanzas mínimas correspondientes a la Educación Secundaria Obligatoria y en el marco de la propuesta realizada por la U.E., se han identificado ocho competencias básicas, entre la que destaco, aquí, las siguientes: Competencia en el conocimiento y la interacción con el mundo físico, Tratamiento de la información y competencia digital, Competencia social y ciudadana, Competencia para aprender a aprender, Autonomía e iniciativa personal. Pero hay cierto tipo de controversia y de recelo por parte de algunos colectivos que consideran que hemos entrado en crisis de la educción y que *"el alumno lo que debe aprender es simplemente, a hacer esas ecuaciones de segundo grado y saberse el nombre de los autores del Barroco…."*. Otros, los que defienden las competencias básicas, entienden por el contrario que *"lo que está precisamente en crisis es el tipo de cultura que transmitimos como obligatoria…."* (Aunión, 2008:36). Aunque los hay que opinan que lo importante, realmente, está en *"saber quién va a enseñar y qué se va a enseñar"* (Savater, 2008: 23). Pero en todo este galimatías hay que tener claro como vamos a comprobar el grado de adquisición de conocimientos que el alumnado vaya adquiriendo, y eso es mediante la evaluación que para Coll (1991: 125) queda definida como conjunto de actuaciones *"mediante las cuales es posible ajustar progresivamente las ayudas pedagógicas a las características y necesidades de los alumnos, y determinar si se han cumplido o y hasta qué punto las intenciones educativas están en la base de dicha ayuda pedagógica"*.

Por mi parte la concibo como la manera o forma, que tenemos el profesorado, de conocer en parte la adquisición de competencias adquiridas por parte de nuestro alumnado y que nos servirá como proceso para nuestra planificación futura. Esta evaluación la podemos dividir en Formativa y/o Sumativa y dentro de ellas podríamos seguir tres momentos claves a saber: ¿Qué evaluar? ¿Cómo evaluar? y/o ¿Cuándo evaluar? Como queda de manifiesto en el siguiente gráfico (Omeñaca y Ruiz, 2007: 35-36).

Servicio - Bizi- en San Sebastián

EVALUACIÓN FORMATIVA

¿QUÉ EVALUAR?
Desarrollo del proceso a partir de la decisión tomada en función de objetivos entendidos como desarrollo de capacidades Cognitivas, Motrices, Sociales, Afectivas y Físicas.

¿CÓMO EVALUAR?

Conceptos
- Diálogos sobre aspectos relevantes

Procedimientos
- Métodos no estructurados:
  - Registro anecdótico
- Métodos Semi-Estructurados:
  - Escalas.
  - Listas de control.

Actitudes
- Métodos no estructurados:
  - Registro anecdótico
- Métodos no estructurados:
  - Registro anecdótico

¿CUÁNDO EVALUAR?
Durante todo el proceso educativo.

Observación contextualizada sin romper la dinámica lúdica

REFLEXIÓN

ADECUACIÓN DEL PROCESO A LOS FINES EDUCATIVOS

CAPÍTULO

RECURSOS VIRTUALES

13.1. Recursos.

13.1. RECURSOS.

COLECTIVO	WEB
PEDALEA El Colectivo Pedalea es un grupo reivindicativo de ciclistas urbanos y cicloturistas, de carácter ecologista, pacifista, antimilitarista y que defiende un consumo responsable.	www.unizar.es/pedalea/
MDB (Movimiento en Defensa de la Bici) Promueve el uso de la bicicleta de una manera activa con reclamaciones y propuestas a los poderes públicos.	www.mdbzaragoza.com/
CICLONUDISTA Página del movimiento ciclonudista.	www.ciclonudista.net
CON BICI Coordinadora ibérica para la promoción de la bicicleta y la defensa de los intereses de los y las ciclistas.	www.conbici.org
PEDALIBRE Asociación cicloturista de Usuarios de la Bicicleta de Madrid. Reivindican el uso de la bicicleta como transporte alternativo para el desempeño de las actividades en la vida cotidiana.	www.pedalibre.org/
FEDERACIÓN DE CICLISMO DE LA COMUNIDAD VALENCIANA. Web de educación vial para la bici.	www.bicieducavial.org/
WEB DE EDUCACIÓN VIAL DE LA FEDERACIÓN CATALANA DE CICLISMO	www.ecobicicleta.com
WEB DE EDUCACIÓN VIAL DE LA DGT	www.dgt.es
LE BREVET DU CYCLISTE (BÉLGICA)	www.lebrevetducycliste.org
PLATAFORMA CARRIL-BICI DE CORDOBA La Plataforma Carril-Bici de Córdoba es un colectivo constituido por personas y por asociaciones, nacido en el año 1995, que con el ideal de una ciudad más habitable y respetuosa con el medio ambiente.	www.platabicicordoba.org/

COLECTIVO	WEB
AMIGOS DEL CICLISMO Portal sobre el ciclismo deportivo, que proporciona también buena información sobre la bicicleta como medio de transporte y de ocio.	www.amigosdelciclismo.com/
CICLISMO URBANO Portal sobre Ciclismo Urbano con interesantes noticias, recomendaciones e información cobre el mundo de la bicicleta.	www.ciclismourbano.org/
BICICLETA CLUB DE CATALUÑA BACC Trabajamos para que la bicicleta sea respetada como medio de transporte. Participamos en los foros de discusión existentes y colaboramos con las administraciones para la creación de infraestructuras (carriles bici, aparcamientos, etc.) y la mejora de la legislación.	www.bacc.info/webesp/
MASA CRÍTICA Foro de debate sobre ciclismo cotidiano y movilidad sostenible, usuarios de la Península Ibérica y América Latina.	www.masacritica.info/
PLATAFORMA CARRIL BICI BADAJOZ Plataforma ciudadana, integrada por usuarios de la bicicleta y apoyada por diversos colectivos.	http://club.telepolis.com/badajozenbici/
CICLISTAS EN RED Foro electrónico, de acceso libre, sobre el cicloturismo, en todas sus facetas.	www.ciclistas.org/
A CONTRAMANO A Contramano es una asociación creada en 1.987 para defender los intereses de los usuarios de la Bicicleta como medio de Transporte cotidiano, así como de los peatones.	www.acontramano.org/
LA BICI EN EL MUNDO Un proyecto en imágenes	www.world-of-bicycles.com/index.htm

COLECTIVO	WEB
BICITEKAS Pagina Mexicana que impulsa una cultura de la bicicleta, como una forma de vivir	www.bicitekas.org/
FONDO INTERNACIONAL DE LA BICICLETA Una organización no gubernamental, sin fines de lucro de apoyo y promoción de transporte sustentable y entendimiento internacional	www.ibike.org/index-es.htm
ECF EUROPEAN CYCLIST' FEDERATION La ECF (Federación de Ciclistas Europeos) promociona la bicicleta a escala europea e internacional en las políticas de transporte, turismo y medio ambiente.	www.ecf.com/
ARRIBA 'E LA CHANCHA Grupo chileno de ciclismo urbano.	www.arribaelachancha.cl
MOVIMIENTO FURIOSOS CICLISTAS Asociación ciclista de Santiago de Chile. Páginas rebosantes de ingenio, simpatía, y mucha información útil. Textos y aspecto muy cuidados.	www.furiosos.cl
BICYCLE CIVIL LIBERTIES UNION Unión por las Libertades Civiles de la Bicicleta, asociación que defiende la igualdad de derechos de quienes no conducen vehículos motorizados: ciclistas, peatones, usuarios de sillas de ruedas, etc. Apoyan la "Masa Crítica" de Sacramento.	www.bclu.org
BICYKLEN COPENHAGEN Bicicletas de uso gratuito en Copenhague.	www.bycyklen.dk
BUGAS DE AVEIRO Bicicletas de uso comunitario en Portugal.	www.cm-aveiro.pt/buga/index.htm
CAMPAIGN INTERACTIVE Página oficial de la "Campaña europea de pueblos y ciudades sostenibles" y del "Proyecto europeo de ciudades sostenibles".	www.sustainable-cities.org

COLECTIVO	WEB
PROVELO	www.provelo.org/article.php3?id_article=915
Fundación ECA Bureau Veritas	www.fundacionecabv.org
Plataforma Empresarial de la bicicleta	www.biciempresas.org
Real Federación Española de Ciclismo	www.rfec.com
Federación Española de Triatlón	www.triatlon.org
Asociación de ciclistas profesionales	www.ciclistas.net
Vías Verdes Españolas	www.viasverdes.com
Asociaciones ciudadanas Murcia en bici	www.murciaenbici.org
Aparcamientos seguros para bicicletas	www.bicibox.net www.brumwell.com
Barcelona Cycle Chic	www.barcelonacyclechic.com
BACC - Bicicleta Club de Catalunya - Biciescuela	www.bacc.info
Amics de la bici	www.amicsdelabici.org
Muévete en bici	http://mueveteenbici.es/
Mapa bicicleta pública España	http://publicbikes.blogspot.com/
CIUDADES:	
Algeciras - Tubici Algeciras	www.tubici-algeciras.es
Alcázar de san Juan - Alcázar bici	www.bicialcazardesanjuan.es
Barcelona - Bicing	www.bicing.com
Bilbao - Bilbon bizi	www.agenda21bilbao.net/bilbon_bizi/programas.htm
Burgos - BiciBur	www.bicibur.es
Cartagena - Bicity	www.cartagena.es/bicity
Castelló - bici-CAS	www.bicicas.es
Cataroja - Catarroda	www.catarroda.es
Dos Hermanas – Sevilla - Tubici	www.tubici-doshermanas.es
Ferrol - Ferrol en bici	www.ferrol.es/ferrolenbici
Gijón - Gijón-bici	www.gijon.es/Contenido.aspx?id=13208&leng=es
Girona - Girocleta de Girona	www.girocleta.cat
CIUDADES:	
Jerez de la Frontera - Tubici	www.tubici-jerez.es
Las Palmas de Gran Canaria - Biciambiental	www.biciambiental.org
Logroño - Logrobici	www.logrobici.es
Lugo - Rebicíclate	www.lugo.es/ws/rebiciclate
Mancomunitat de la Ribera Alta - Ambici	http://ambici.com
Orense - Roda Limpo	www.bicis.ourense.es
Pamplona - Nbici	www.c-cycles.es
Plasencia - Biciplas	www.plasencia.es

COLECTIVO	WEB
Sevilla - Sevici	www.sevici.es
Puerto Lumbreras - Bicipuerto	www.puertolumbreras.es/bicipuerto
San Vicente del Raspeig - BiciSanVi	www.bicisanvi.es
Santander - Tusbici	www.tusbic.es
Terrassa - Ambicia't	www.terrassa.cat/ambiciat
Zaragoza - Bizi zaragoza	www.bizizaragoza.com

CON BICI:

http://www.conbici.org

Coordinadora de defensa de bici

A CONTRAMANO EN SEVILLA Y CÁDIZ:

http://wwww.acontramano.org

C/Eustaquio Barrón 2,
41003 Sevilla
acontramanoacs@yahoo.es

PLATAFORMA CARRIL-BICI DE CÓRDOBA:

Plataforma Carril-Bici de Córdoba
Casa Ciudadana (Ronda del Marrubial s/n)
Apartado Correos 5086;
14006 CÓRDOBA

www.platabicicordoba.org
info@platabicicordoba.org

ECOLOGISTAS EN ACCIÓN DE ANDALUCÍA:

Ecologistas en Acción de Andalucía
Centro de interpretación del Rio
Parque de San Jerónimo s/n
41015 Sevilla

http://www.nodo50.org/ecoloand
ecologistas.andalucia@nodo50.org

GRANADA AL PEDAL:

Granada al Pedal
María de Maeztu 11, esc. 5, 3ºA
18011 Granada

http://www.granadadigital.com/vialibre
alpedal@mixmail.com

ASOCIACIÓN RUEDAS REDONDAS DE MÁLAGA:

Asociación Ruedas Redondas de Málaga
C/ Frigiliana 13, escalera 3, 5º 1
29003 Málaga.

http://www.conbici.org/ruedasredondas/
ruedasredondas@yahoo.es

COORDINADORA GRANADINA NUEVA CULTURA DEL TERRITORIO

La página web de la Coordinadora alberga todos los contenidos propios de los colectivos; documentación, información, denuncias, etc.

http://www.otragranada.org

NUEVA CULTURA DEL TERRITORIO COODINADORA CIUDADANA DE MÁLAGA

Coordinadora ciudadana no sectaria, diversa, abierta a asociaciones, grupos organizados y plataformas de la provincia de Málaga, en defensa del territorio, por un urbanismo humano, respetuoso de la calidad de vida, y contra la corrupción política, la venta del país y el expolio de los recursos naturales.

http://nuevaculturaterritorio-malaga.blogspot.com

OTROS RECURSOS	WEB
PGOU DE CORDOBA	www.platabicicordoba.org/851_PGOU_bicicleta.htm
PACTO ANDALUZ POR LA BICICLETA	www.platabicicordoba.org/220_pacto_andaluz.htm
VENTAJAS Y CONDICINANTES EN EL USO DE LA BICICLETA	www.platabicicordoba.org/520_ventajas_y_condiconantes.htm
AUTOMOVIL vs. BICICLETA	www.platabicicordoba.org/510_automovil_vs_bicicleta.htm
DEFINICIONES DE LAS DIFERENTES VIAS CICLABLES	www.platabicicordoba.org/530_vias_ciclables_y_segnales.htm
EN BICICLETA AL TRABAJO	www.platabicicordoba.org/Documentos/ECF_En_Bicicleta_al_Traba-jo.PDF
OTROS RECURSOS	WEB
EXPERIENCIAS DE SALIDAS EN BICICLETA:	www.efdeportes.com www.sansebastianreservas.com www.citybici.sanse
RUTAS SEGURAS A LA ESCUELA O CAMINOS ESCOLARES:	www.mma.es/educ/ceneam/pdf/programa2003_2008.pdf www.bcn.es/imeb/pdf/cami_escolar_04.pdf www.gencat.net/mediamb/ea/mobilitat/educacio/eduvial.htm www.mma.es/educ/ceneam/06materiales/mate2004/detective.htm www.geaweb.com/demiesc/
ACTIVIDAD INTERNA-CIONAL	www.iwalktoschool.org www.mobilityweek-europe.org www.cities-for-cyclists.org www.bimbimbici.org
CÓMO ESCOGER TU BICICLETA URBANA	www.espaibici.com/www/apunte02.html
QUÉ BICI COMPRAR	www.bacc.info/webesp/index.htm
LA TALLA DE TU BICI	www.pedalibre.org/talla.htm
¿CÓMO DEBE SER UNA BICI URBANA?	www.ciclismourbano.org/bicicletaurbana/comodebe serunabiciurbana.htm
CÓMO PREVENIR DIEZ SITUACIONES ARRIESGADAS	www.pedalibre.org/ciclismo_seguro.htm
EVITAR ROBOS	www.pedalibre.org/evitar_robos.htm

RUTAS CICLISTAS	WEB
ARAGÓN	**BTT ZARAGOZA** www.bttzaragoza.com **MONEGROS BTT** www.monegrosbtt.com **HUESCA EN BTT** www.geocities.com/colosseum/field/3844/ **DESCENSO DEL EBRO** www.amigosdelciclismo.com/descensodelebro/ **RUTAS POR EL PIRINEO** www.geocities.com/kendomountain/
PENÍNSULA IBÉRICA Y EUROPA	**AMIGOS DEL CICLISMO** www.amigosdelciclismo.com/rutas/ **REVISTA IBERICA** www.revistaiberica.com/Rutas_y_destinos/mad/bicicleta/ **BICICLETA DE MONTAÑA EN GRANADA** www.nevasport.com/sierranevada/bici/rutas.htm **PAKOTRENES** usuarios.lycos.es/pakotrenes/rutas.htm
PENÍNSULA IBÉRICA Y EUROPA	**RED EUROPEA DE RUTAS PARA BICICLETAS** es.wikipedia.org/wiki/EuroVelo **PEDALIBRE** www.pedalibre.org/enlaces.htm **VIAS VERDES** www.conbici.org/vias_ciclistas/vias_verdes.php **CENSO DE VIAS CICLISTAS** www.conbici.org/vias_ciclistas/censo.php

VIDEOGRAFÍA
Ruedas Redondas http://www.youtube.com/user/RuedasRedondas
Me apunto a moverme en bici http://www.youtube.com/watch?v=k7h8hPhd8OE
Luz Verde. Antena 3 Segunda entrega de Luz Verde emitido en Antena 3 TV en viernes, 6 de agosto de 2009. Sobre cinturón de seguridad. http://www.youtube.com/watch?v=t1xqRA4MhSs&feature=fvwrel
Educación Vial Para niños XII (Primaria) http://www.youtube.com/watch?v=qyMTIqzxWiQ&feature=related
¡Atención! - Paseo en bicicleta Kevin, de doce años, se prepara para salir en bicicleta con sus amigos. Antes de iniciar el paseo, realiza un detallado análisis de los elementos de seguridad obligatorios y de las acciones de seguridad que es importante cumplir para circular en forma segura en bicicleta por la vía pública. Contenido: Información y consejos para conductores de bicicletas, destinados a un público adolescente. http://www.youtube.com/watch?v=1n_bLcY9RJ4&feature=related
Consejos de autoprotección. Capitulo 2. Ciclistas La segunda entrega de los Consejos de Autoprotección del SOS 112 del Gobierno de La Rioja. Un capítulo destinado a los ciclistas con prácticos consejos. http://www.youtube.com/watch?v=-YJnti-G4Bw&feature=related
Consejos de seguridad para ciclistas Desde el Programa Mejor en Bici queremos acercarte algunos consejos para que la próxima vez que salgas con tu bici lo hagas de una manera más segura. http://www.youtube.com/watch?v=B7W4Y-Zthqw&feature=grec_index
Conductas temerarias que ponen en riesgo a los ciclistas Simulación informática que muestra algunas de las conductas más peligrosas para los ciclistas en carretera. Aquellos automovilistas que no respeten la integridad física de los ciclistas podrán en delito penal y sus vehículos ser decomisados. http://www.youtube.com/watch?v=AQWGNeCjF_4&feature=related

LIBROS

AUTOR Y AÑO PUBLICACIÓN	TÍTULO	EDITORIAL
Allen, John (2001)	Bicycling Street Smarts: Riding confidently, legally and safely, Rubel BikeMaps	Cambridge, MA.
Coalitation, Bicycle (2010)	LACBC Bicycle Resource Guide	Los Ángeles Ca
Forester, John (1992)	Effective Cycling	MIT Press, USA
Franklin, John (2007)	Cyclecraft: The Complete Guide to Safe and Enjoyable Cycling for Adults and Children	Ireland, UK
Glowacs, Dave (2004)	Urban Bikers'Tricks & Tips	Chicago III
Hurst, Robert (2004)	The Art of Cycling: A Guide to Bicycling in 21st-Century America	Montana E.U
Milson, Fred (1995)	El libro de la bici	Sparkford, Somerset, England
Pérez, Ruth (2011)	Por mi ciudad en bicicleta	Bicitekas, México D.F
Thompson, Amy y Fournier, Sami (2004)	The League Guide to Safe and Enjoyable, Cycling League of American Bicyclists	USA
Ferrando, Haritz ; Molinero, Paco ; Peña, Toño (2007)	Proyecto Pedagógico para Primaria.	Con bici. España.
Lekuona Alzugaray, A. (2006)	Mugi Zaitez! ¡MUÉVETE! (Unidad Didáctica sobre movilidad sostenible), Isabel Prieto de Blas y José Francisco Cid	Diputación Foral de Guipúzcoa
Invemó i Curós (1998)	Unidades didácticas para Primaria VIII: "Circulemos en Bicicleta"	Editorial INDE
Comisión Europea	En bici, hacia una ciudad sin malos humos. *(Documento de información general sobre uso de la bici en distintos países, motivos para adoptar políticas pro-bici y ejemplos de medidas aplicadas con éxito.*	ISBN 92-828-5721-2
Comisión Europea (2002)	LA CIUDAD, LOS NIÑOS Y LA MOVILIDAD *(Documento sobre el impacto de la movilidad insostenible en la infancia y ejemplos de ciudades e iniciativas para humanizar el espacio urbano)*	ISBN 92-894-1883-4

AUTOR Y AÑO PUBLICACIÓN	TÍTULO	EDITORIAL
CENEAM, la Junta de Castilla-León y la Escuela de Magisterio de Segovia.	DE MI ESCUELA PARA MI CIUDAD, Programa de Educación Ambiental *(documentos: ¿Pies para que os quiero? A jugar la calle tras las huellas del camino escolar. La movilidad urbana: El camino escolar –detective de lo nunca observado-*	
González, Alonso	PASEANDO AL COLE, EL CAMINO ESCOLAR A PIE Y EN BICI.	Ruedas Redondas: Málaga
Carretón García, Araceli; Martínez Monterrubio, Agustín; Treviño Theesz, Xavier (2011)	MANUAL DELCICLISTA URBANO DE LA CIUDAD DE MÉXICO.	México: Designio editores.

CAPÍTULO

BIBLIOGRAFÍA

14.1. Bibliografía.
14.2. Fotografías.
14.3. Webgrafía.

14.1. BIBLIOGRAFÍA

- **Arráez Martínez, J. M. (1997).** ¿Puedo Jugar Yo? Armilla (Granada): Proyecto Sur de Ediciones, S.L.
- **Aunión, J. A. (2008).** La nueva escuela se mete en casa. Diario El País, sección vida & artes. Lunes 6 de octubre.
- **Baroni, F. (2008).** La bicicleta. Mito, técnica y Pasión. Barcelona: Ediciones librería Universitaria de Barcelona, S.L.
- **Bernal Ruiz, J.A. (2002).** Juegos y Actividades con bicicleta. Sevilla. Wanceulen Editorial Deportiva S.L.
- **Bernal Ruiz, J.A. (2002).** Juegos y Deportes de Aventura. Sevilla. Wanceulen Editorial Deportiva, S.
- **Carranza Gil-Dolz del Castellar, M.; Bantulá Janot, J.; Busto Marchante, C.;**
- **Coll, C. (1991).** Psicología y currículum. Barcelona: Paidós.
- **Consejería de Medio Ambiente. Junta de Andalucía (2004).** La bicicleta como medio de transporte en Andalucía. Motril (Granada): Imprenta Comercial.
- **Díaz Ares, M. (1985).** Manual del cicloturista. Cómo reparar y poner a punto la bicicleta. Barcelona: Integral.
- **Diccionario de la Real Academia Española. DRAE. (2007)**
- **Encarta®, Microsoft® (2007).** 1993-2006 Microsoft Corporation.
- **EFE (2011).** Estudio de la Fundación MAPFRE. La mayoría de los escolares suspenden en seguridad vial. Diario Córdoba, sábado 17 de septiembre, página 70.
- **Fundación ECA Bureau Veritas. (2011).** Barómetro anual de la bicicleta en España. Informe de resultados. Madrid: DGT
- **Moyano, R. (2009).** El transporte más ecológico para hacer una ruta turística. Diario Córdoba. Contraportada. Sin fecha.
- **Omeñaca Cilla, R.; Ruiz Omeñaca, J. V. (2007).** Juegos Cooperativos y Educación Física. Barcelona: Paidotribo.
- **R.D. 1631/2006, de 29 de diciembre**
- **Rojas Pedregosa, P. (2006).** Manual Práctico y de consulta para estar en forma. Villa del Río (Córdoba): Unigraf, S.L.
- **Salinas Martínez, Fco. (2009).** Actividad Física en personas con diversidad funcional –comunicación- I Congreso Internacional sobre Atención Integral a la Discapacidad y la Dependencia. Pozoblanco (Córdoba)
- **San-Matías Marín, J.; Jiménez López, J.; Molina Vera, R. M. (2006).** Aprendizaje Cooperativo y Educación Vial en Educación Física. Revista Digital Práctica Docente número 13 (Julio-Septiembre). CEP de Granada.

- **Santos Pastor, M. L.; Martínez Muñoz, L. F. (2008).** Propuesta Práctica integral para el desarrollo de actividades físicas en el medio natural en el entorno cercano del centro escolar de primaria. Revista Wanceulen E. F. digital, número 4, mes de mayo. Sevilla: Editorial Wanceulen.
- **Savater, F. (2008).** La educación irremediable. Diario El País, sección Opinión. Sábado 11 de octubre.
- **Valentín Guerrero, A.; Fernández, G. J. (2003).** Guía de Educación Vial en Internet 2004. Centro Superior de Educación Vial (DGT). Salamanca: Imprenta Kadmos.
- **Vallés Casaemont, C. (1996).** La Ecuación Física en el Segundo Ciclo de Primaria. Desarrollo Curricular. Barcelona: Paidotribo.

14.2. FOTOGRAFÍAS

Las fotografías que aparecen en el libro son del fondo propio del autor, de Elena Gómez Camer, de David Aceituno, de Joaquín Gómez Aguilar, del blogspot de la Peña ciclista Perabeña, de las Web de iesport.es y de la revistafullepeed.com

Foto: David Aceituno

14.3. WEBGRAFÍA CONSULTADA

www.bicicletas-astolfi.com/historia.htm	www.race.es
http://penaciclistaperabena.blogspot.com	www.rfec.com
www.biketrial-spain.com	www.euskadi.net
www.mundocaracol.com/bicicletos/historia.asp	www.iesport.es
www.bicieducativavial.org/	www.etrasa.com
www.pedalibre.org/talla.htm	www.seguridadvial.es
www.dgt.es/educacionvial	www.mimecanicapopular.com
http://www.andaluciaporlabici.org/	
www.biketrial-spain.com	
http://ellos.es.msn.com/	
www.revistafullepeed.com/historia_de_la-bicic.html	
www.vueltamundo.es	
www.conbicialcole.com	

www.ingramcontent.com/pod-product-compliance
Lightning Source LLC
Chambersburg PA
CBHW080541170426
43195CB00016B/2639